ちくま新書

未完の明治維新

坂野潤治
Banno Junji

650

未完の明治維新【目次】

プロローグ

明治六年から十年（一八七三－七七）にかけての明治政府は、四分五裂の状態にあった。西郷隆盛は外征を主張し、大久保利通は殖産興業を唱え、木戸孝允は憲法制定による上からの立憲制移行を、板垣退助は民撰議院の早期設立を論じていたのである。詳しい論証は本論に譲って、この四人の明治維新の英雄間の対立を図式化すれば、図1のようになるであろう。

この図の中で線でつながっている者同士は、政策的に提携が可能なことを示す。西郷と板垣は、幕府軍を武力で打破した薩摩藩と土佐藩の軍事指導者として仲がよく、両人は政策的には東アジアに対する強硬外交論で一致できた。図では両者の接点を「征韓論」と表示したが、彼らの強硬論は韓国だけではなく、むしろ中国を対象としたものだった。

大久保と西郷が幕末以来の同志であり、二人で薩摩藩を率いて明治維新を断行したことは、いまさら言うまでもないであろう。大久保の殖産興業論を「富国論」と呼び、西郷の外征論を

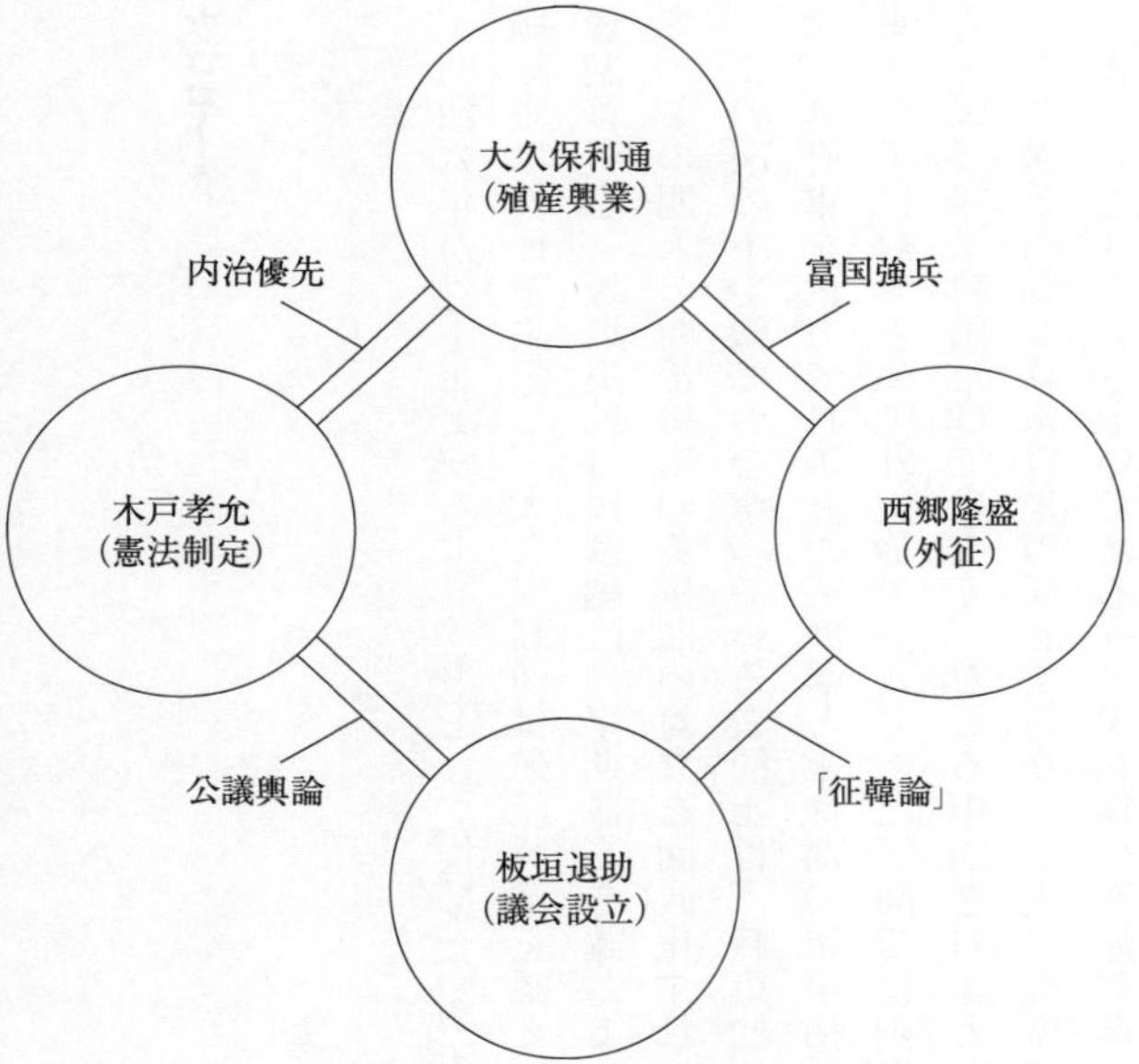

図1

「強兵論」と言いなおせば、二人が協力関係を作るときのスローガンは「富国強兵」となるであろう。

薩摩を代表する大久保と長州を束ねる木戸が互いに強い猜疑心を抱いていたことは、よく知られている。しかし両人は、外征論が突出したときには手を結び合った。そのときの共通の主張が、明治史では比較的有名な「内治優先」であった。

木戸孝允が憲法制定に熱心になるのは、後に本論で示すように明治五年（一八七二）初め頃であり、一年半に及ぶ岩倉使節団の滞欧中、彼は日本に導入すべき憲法のモデルを探し歩いた。王政復古後の戊辰戦争で名を馳せた「軍人」板垣退助が「民撰議院」論者になるのは、木戸よりも一年ぐらい後の明治六年(一八七三)末のことである。

本論で分析する幕末議会論の流れの中では、木戸も板垣も、いわば新規参入者であった。もっとも板垣の代わりに同じ土佐藩の後藤象二郎を持ってくれば、有名な明治七年(一八七四)一月の「民撰議院設立建白書」は、本論で詳しく記す幕末議会論の正統な継承者であった。

この図で筆者が示したいことは二点ある。その第一は、大久保と板垣、西郷と木戸とは政策的な共通点がなく、人間的にも仲がよくなかったという点である。この図でそれがわかるのではなく、本論の分析結果をわかりやすく図示したのである。

第二に、明治六年から十年(一八七三-七七)にかけての、明治政府内の四路線の合従連衡の過程を見ていくと、こんなことでどうして倒幕、王政復古、廃藩置県などの大事業ができたのかという疑問が湧いてくる。この疑問を解くために幕末の政治と政治思想に足を踏み入れてみると、ここでは論証は省くが、この四路線のうち「憲法制定」という路線は、幕末政局には存在しなかったことに気付いた。

そうなると、四つの円は三つになる。図2がそれである。図1の四つの円と同様に、この三つの円も、本論での分析結果を図示しただけで、初めからこの図で説明すれば一種のペテンになってしまうであろう。なぜなら、円を一つ落としただけで、どの路線も相互に協力可能な関

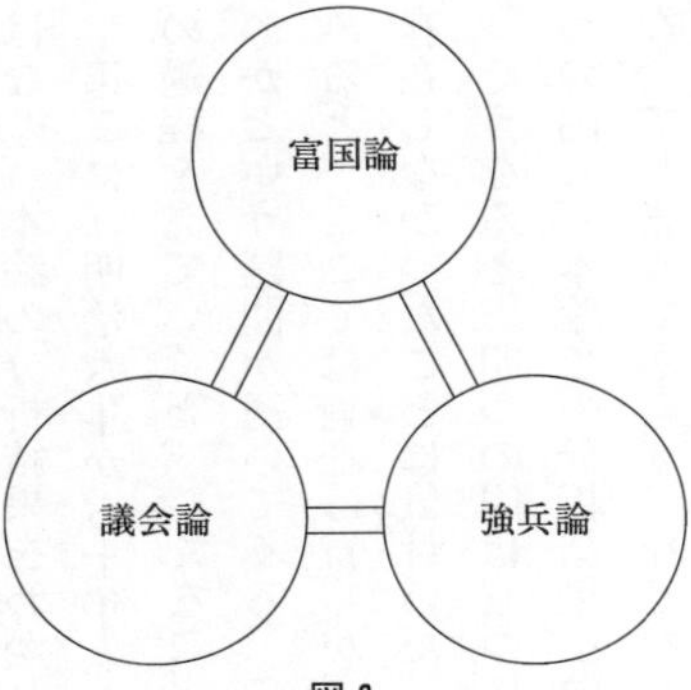

図2

係になってしまうからである。「富国論」と「強兵論」は、「富国強兵」による「対等開国」（この意味は本論で明らかにする）の主張として一致できるし、「議会論」も、「対等開国」のための挙国一致体制の樹立という点で、「富国強兵」と共通の目標を見出せる。

第一章で明らかにするように、思想家としては、佐久間象山《ぞうざん》（しょうざん、とも）が「強兵論」、横井小楠《しょうなん》が「富国論」、幕臣の大久保忠寛《ただひろ》が「議会論」と、三つの円を構成していた。しかし、第一章の冒頭で明らかにするように、西郷隆盛や大久保利通は、すでに元治元年（一八六四）から、この三つの路線を統一的なものと理解していた。

西郷も大久保も、藩主を集めた上院と、藩士の指導者を集めた下院とに全国の意思をまとめて、欧米列強に対して「対等開国」を迫ることにはっきりと同意していたのである。同じ頃、幕府と正面から対立していた長州藩も、「攘夷」から「対等開国」に立場を変えていた。そして最後まで長州征伐にこだわった幕府を抑え込んだのは、この三点セットを支持した有力諸藩の力であった。

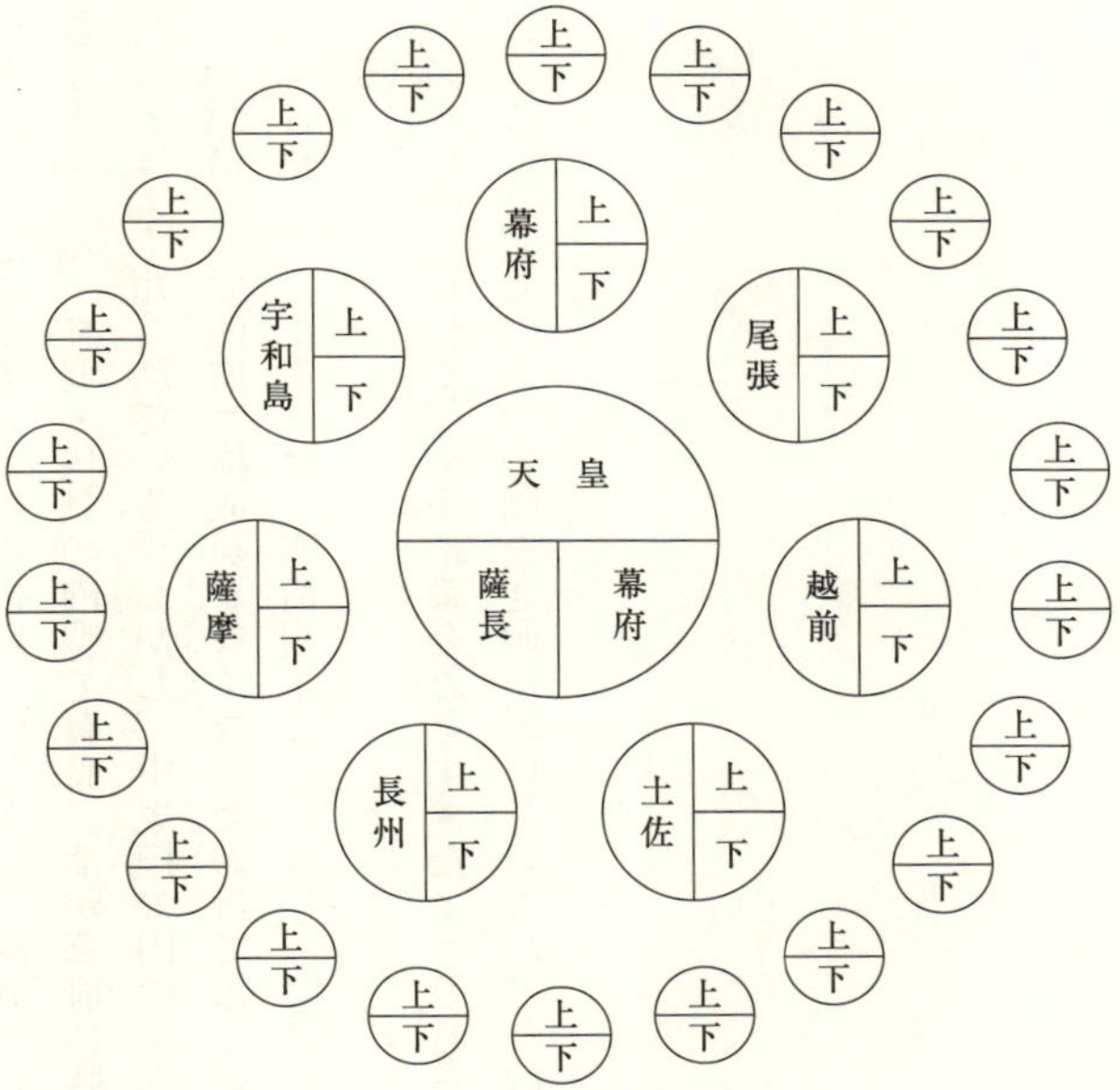

図3

この三点セットの挫折と武力倒幕についても、若干の予告篇を図示しておきたい。

王政復古に先立つ「薩土盟約」や「大政奉還」で、幕府も薩摩藩も同意した新政治体制は図3のようなものであった。建て前としては真ん中の大きな円には天皇だけが入り、幕府も薩摩も長州も、他の有力諸藩と共に中規模の円を構成し、他の二百六十余藩とともに「立法府」の一員になる。この構想の欠点は、「行政府」の規定が存在しなかったことである。

建て前と異なり、実際には幕

府と薩長二藩の軍事力は群を抜いていたから、両者のいずれかが実質上の「行政府」として大きな円に入る。鳥羽・伏見の内戦で薩長二藩が幕府に勝って、この事実上の「行政府」になったことはよく知られている。しかし、中規模の円の「立法府」の中心諸藩と、小さい円の二百六十余藩の「立法府」構成員がなくなったわけではない。この事実上の「行政府」が名実ともに「行政府」になるには、明治四年(一八七一)の廃藩置県を待たなければならなかったのである。

図式化につられて、やや結論を急ぎすぎたようである。以下の各章を読み進めていただく際に、ここに記した三つの図を念頭に置いていただければ幸いである。

（毎日新聞社提供）

第一章

明治維新の基本構想

佐久間象山（1811-1864）

松代藩の下士の家に生まれる。漢学はもとより西洋兵学・蘭学に通じ、その優れた学殖によって、藩を超えて多くの人材を門下に集めた。公武合体・開国佐幕のために京都で活動中に暗殺された。

1　勝海舟と西郷隆盛の会談（一八六四年）

今から約百年前の明治四十三年（一九一〇）に、旧薩摩藩士の勝田孫弥という人が『大久保利通《としみち》伝』全三巻を刊行した。大久保の日記や大久保宛ての重要人物の書簡などを、当時可能なかぎり精読した、詳細にして明快な伝記である。

この本の第一巻を読み進んでいると、明治元年の有名な西郷・勝会談ではなく、その約三年半前の、元治元年（一八六四）九月の勝と西郷の初めての会談の記述に遭遇した。今日では佐々木克氏の研究（『幕末政治と薩摩藩』）などでこの会談の模様は明らかにされているが、じつは明治四十三年から、この会談の重要さは注目されていたのである。

この会談の模様は、西郷自身と、彼と同道した薩摩藩士の吉井《よしい》友実《ともざね》（一八二七－九一）とが、別々に国元の大久保利通に送った手紙によって明らかになるが、この二つの手紙は、筆者の幕末政治史への初旅の最上のガイド・ブックとなるものであった。ともに元治元年九月十六日付のものである。

まず、西郷の大久保宛て書簡のほうから見ていこう。ただ、幕末や明治の手紙は、漢字ばかりの文語体なので、筆者の独断で読みやすく書き代えてある。これは本書中の引用文すべてに適用するつもりである。物足りないと思う読者は注記に従って原文に当たってもらいたい。

西郷は勝海舟（一八二三－九九）について、次のように記している。


勝氏へ初めて面会つかまつり候ところ、実に驚き入り候人物にて、最初は打ち叩くつもりにて差し越し候ところ、とんと頭を下げ申し候。どれだけか智略のあるやら知れぬ塩梅《あんばい》に見受け申し候。先ず英雄肌の人にて、佐久間〔象山《ぞうざん》〕より事の出来候は一層も越え候わん。学問と見識においては佐久間抜群のことにご座候えども、現時に臨み候てはこの勝先生と、ひどくほれ申し候。

（『大久保利通伝』上巻、582頁。なお一部『大久保利通関係文書』第三巻収録の同一書簡によって修正してある。）


勝に会って論破するつもりで乗り込んで、逆に「とんと頭を下」げたり、「ひどくほれ申」して帰ってくるところから、西郷隆盛（一八二七－七七）という人の性格や人柄が浮かび上がってくる。また、後に改めて記すように、この時の勝への心服と、三年半後の両者間の江戸無血開城をめぐる交渉とは、西郷の中では完全につながっていた。西郷という人は、〝武士に二言はない〟タイプの人物だったようである。

しかし、幕末政治史の水先案内としてこの西郷書簡を読むとき、もっと驚くべきことがある。「学問と見識においては佐久間抜群のことにご座候」の箇所である。当時の西郷は薩摩勤王党の指導者として、藩主島津久光による事実上の二年間の遠島投獄から許されて、鹿児島藩の軍賦役に任用されて半年しか経っていない。元治元年（一八六四）二月に出獄したとき、西郷は這って旧主島津斉彬の墓前に詣でたというから、彼の二年間はいわゆる幽閉とか遠島の類ではなかったろう。

その彼が出獄後半年で勝海舟に会ったとき、その現実主義的な識見に圧倒されたのはともかくとして、どうして「学問と見識においては佐久間抜群」と言い切れたのであろうか。獄中で佐久間の獄中記を読むのは困難だったろうから、西郷は二年間の獄中生活の前に、すでに佐久間象山の「学問と見識」を吸収していたのであろうか。

それはともかく、明治維新の最大の功労者である西郷隆盛が「学問と見識においては佐久間抜群」と考えていた以上、佐久間象山の「学問と見識」の概略を知らなければ、西郷もわからなければ明治維新もわからないことになる。そうは言っても、西郷は政治家であり、そのもっとも得意とするのは軍事だったから、筆者の明治維新論に必要な佐久間象山の「学問と見識」も、常識的なレベルでいいであろう。

しかし、薩摩藩の王政復古派が勝海舟同様に尊敬したのは、佐久間象山にとどまらない。西郷と同道して勝と会見した吉井友実は、同じ会見の内容を次のように大久保利通に報じている。

> 大久保越州〔忠寛《ただひろ》〕、横井〔小楠《しょうなん》〕、勝などの議論、長〔州〕を征し、幕吏罪をならし、天下の人才を挙げて公議会を設け、諸生といえどもその会に出願すべきの者はサッサッと出し、公論を以て国是を定むべしとの議に候よし。ただ今この外挽回の道これあるまじく候。右大嶋兄〔西郷隆盛〕よりも委細申上らるべく候えども、聞見の形行荒々申し上げ候。
>
> （『大久保利通伝』第一巻、586頁。『大久保利通関係文書』第五巻により一部補正。）

この書簡で重要なのは、最後の一文である。吉井はここに記した、大久保忠寛（一八一七―八八）、横井小楠、勝自身の「公議会論」についても、西郷からよりくわしく大久保に説明されるものと思っていたのである。「諸生といえども……サッサッと出」す「公議会」論までは書いてはないが、先の西郷の書簡にも、全国の大名を集めての「共和政治」（合議制）の必要までは説かれている。

吉井が理解した「公議会論」と西郷が支持した「共和政治」論の間に大きな違いを見出すのは、現代人的発想である。当時の西郷や吉井や大久保利通は、自分たち藩士層の助けなしに全国の大名たちだけの「公議会」が機能するとは思ってもいなかった。「藩主議会」(上院)は、「藩士議会」(下院)なしには、そもそも成立不可能だったのである。

すぐ後に記すように、この三者会談で名前が挙がった大久保忠寛と横井小楠のうち、「公議会」の提唱者は大久保のほうであった。しかし、この会談で得た西郷の結論は、「公議会」構想だけではなかった。もしこの「公議会」(もしくは「藩主議会」)論に幕府が応じない場合の対抗策の案出も、この会談に臨む西郷の重要な課題だったのである。

この二つの書簡に出てくる佐久間象山、横井小楠、大久保忠寛らの思想家と違って、西郷隆盛も、彼に勝海舟訪問を依頼した大久保利通も、変革をめざす実践家であった。大局観から改革の大枠を示す思想家の言説が、政治的変革者の耳に届くのは、目の前の政治的現実が大きな転換点に差しかかったときである。その転換点とは、この会談の一カ月前の、英・仏・米・蘭の四国連合艦隊による下関砲撃であった。

第一次長州征伐を発令(旧暦七月二十三日)したばかりの幕府にとっては、その相手を四国艦隊が叩いてくれるのは、むしろありがたいことであった。しかし、「開国」と「公武合体」

を結びつけてきた薩摩藩や越前藩などにとっては、四国艦隊の下関砲撃は大事件であった。自分たちの藩が「攘夷」を捨てて「開国」に藩論を変えただけでは、欧米列強は軍事的圧力を弱めないかも知れない。四国艦隊が長州占領の余勢を駆って大阪湾に進入し、直接朝廷に安政条約の勅許と神戸港の開港を迫ったら、「攘夷」を捨てて「開国」を選んだ正当性は、根底から揺らいでしまう。

薩摩藩の西郷と吉井が大久保利通の了解の下に、大阪の勝海舟を訪問したのは、この難局の打開策を求めてのことだった。先に紹介した西郷の「共和政治」（藩主議会）論も吉井の「公議会」論も、すべてこの問題に対する対応策として、勝から聞いた話だったのである。

藩主議会や藩士議会を開く目的は、幕府も含めた全国一致の意向を欧米列強にわかりやすい形で示し、「攘夷」でも「屈服」でもない形で欧米列強との関係を確立することにあった。当時の「攘夷論」と「開国論」との比較でいえば、「対等開国論」とでも呼ぶべきものが「藩主（士）議会」とセットになっていたのである。重要な点なので、西郷自身の言葉で語ってもらおう。

摂海（大阪湾）へ異人相迫り候時の策を（勝に）相尋ね候ところ、いかにも明策ご座候。ただ今異人の情態においても幕吏を軽侮いたし居り候間、幕吏の談判にてはとても受けがたく、いずれこの節明賢の諸侯四、五人もご会盟に相成り、異艦を打破すべきの兵力を以て、横浜ならびに長崎の両港を開き、摂海のところは筋を立てて談判に相成り、きっと条約を結び候わば皇国の恥に相成らざるよう成立ち、異人はかえって条理に服し、この末天下の大政も相立ち、国是相定り候期《とき》御座あるべしとの議論にて、実に感服の次第に御座候。

（『大久保利通関係文書』第三巻、312頁。傍点引用者。）

当時「明賢の諸侯四、五人もご会盟」と言えば、公武合体派の雄藩、薩摩、越前、土佐、肥前、宇和島藩の実質上の藩主を指した。それらが一致団結して、開国主義を前提とした強硬外交をもって、欧米列強と対等な関係で「開国」を完成しようというのである。

このようにして、大久保忠寛、横井小楠、勝海舟らの「公議会論」は、西郷らの「対等開国論」と結びついた。しかし、もし、この「公議会論」にも「対等開国論」にも肝心の幕府が応じない場合には、どうしたらいいのであろうか。この手紙の中で西郷は、「もし〔幕府が〕この策を御用いこれなく候わば、断然と割拠の色を顕わし、国を富ますの策に出で候わでは相済み申すまじき義と存じ奉り候」とも記している。

欧米列強の外圧に対抗するために「国を富ます」のであるから、西郷が単なる「富国」ではなく「富国強兵」について語っていることは言うまでもない。幕府を中心とした諸大名の「共和政治」ができないならば、薩摩藩などの有力藩が各々「割拠」して「富国強兵」につとめなければならないと、西郷が大久保利通に書き送っているのである。

勝海舟との会談の結果を報ずる西郷と吉井の手紙の中で名前が挙がっている三人の思想家のうち、大久保忠寛の「公議会論」は諸大名の「共和政治」の原型であり、横井小楠の「富国論」と佐久間象山の「強兵論」は、「割拠」しての「富国強兵」に理論的根拠を与えるものであった。そして、「公議輿論」と「富国強兵」が幕末・維新政治の二大スローガンであったことは言うまでもない。

2　幕末・維新の理論的支柱

慶応二年（一八六六）二月一日に薩摩藩の有力者小《こ》松帯刀《まつたてわき》（一八三五－七〇）に会った越前藩士中根雪江《ゆきえ》（一八〇七－七七）は、一年半前に吉井友実が勝海舟から聞いた大久保忠寛の「公議会論」を、さらに詳しく小松に説明している。すなわち、大久保の公議会は、大公議会、小公議会の二種に分ち、大公議会は全国に関する事件を議し、小公議会は一地方に止まる事件を議する所とするべし。議場は大公議会所を京都あるいは大阪に設け、小公議所を江戸その外各都会の地に設くべし。また大公議会の議員は諸侯を以てこれに宛て、この内五名を選んで常議員とし、その他の議員は諸侯自ら議場に出づるも、管内の臣民を選んで出場せしむるも妨げなき事とすべし。その会期は五年に一回これを開き、臨時議すべき事件あれば臨時にも開くべし。……との意見なりしとぞ。(『憲法構想』、27頁)

一年半前に吉井が勝から聞いた、「諸生といえどもその会に出願すべきの者はサッサと出し」という箇所と、ここにある「その他の議員は諸侯自ら議場に出づるも、管内の臣民を選んで出場せしむるも妨げなき事」という一節とは、ほぼ完全に符合する。

また、諸侯の中から五名を選んで「常議員」とするという構想も、先の西郷の書簡にあった「明賢の諸侯四、五人もご会盟」と対をなしている。当時の大名もしくはその父から五人の常議員を選ぶとなれば、薩摩の島津久光、土佐の山内容堂、越前の松平慶永、肥前の鍋島直正、宇和島の伊達宗城《むねなり》になるであろう。

大久保忠寛がこの「大公議会」構想を最初に説いたのは一八六三年で、その相手は松平慶永であったという（『憲法構想』、25頁）。そしてこの構想は、翌六四年には薩摩の西郷隆盛、吉井友実、さらには大久保利通の支持を得、一八六六年には越前の中根雪江を介して薩摩の小松帯刀の支持を得たのである。薩摩藩の王政復古派が幕臣大久保忠寛の「公議会」構想を早くから支持していたことは、王政復古直前の「薩土盟約」や「大政奉還」を理解する上で重要な事実である。

もっとも議会論そのものに限っていえば、大久保忠寛の公議会論の二年も前に、幕府の蕃書《ばんしょ》調所《しらべしょ》の役人であった加藤弘之によって、はるかに抱括的で筋の通ったものが刊行されていた。文久元年（一八六一）の『隣草《となりぐさ》』がそれである。加藤はその中で、欧米各国の政治体制を四つに大別し、絶対君主制と制限共和制（君主はいないけれども一部特権階級だけが市民権を持つ共和制）を退けて、イギリスのような立憲君主制とアメリカのような「万民同権」の共和制とを評価し、日本の場合には前者のイギリス型立憲君主制を採用すべきである、と説いた（『明治文化全集・政治篇』）。

王政復古を間に挟んで二十年後にもっていっても、福沢諭吉らの交詢社や大隈重信の立憲改進党の主張として十分に通用するものであった。しかし、この加藤の議論は、大久保忠寛の公議会論のように、薩摩藩などの政治指導者の現実の指針となった痕跡はない。後に記すように、王政復古直前の大政奉還に流れ込んだのは大久保忠寛の「公議会」論であり、加藤弘之の『隣草』の影響はまったく見られないのである。しかも、西郷や大久保利通の「割拠」しての「富国強兵」の方は、この大久保忠寛の「公議会」論からも出てくるものではなかった。

西郷をはじめとする薩摩の指導者が一貫して尊敬していたのは、勝海舟である。しかし西郷が勝と初めて会ったとき、彼はすでに佐久間象山の「学問と見識」を知っていた。そして「割拠」しての「富国強兵」といい、その上に立った「対等開国」といい、すべて佐久間象山が唱えてきたことであった。

安政元年（一八五四）にペリーの艦隊が日米和親条約の締結のために再来したとき、その交渉の警護を命じられた松代藩の佐久間が、大砲五門、銃隊一〇〇名、刀槍隊五〇名を率いて交渉場所に向かったことは、その年の末に書かれた『省諐録《せいけんろく》』に詳しい。佐久間は平和的な交渉にも武力の示威が必要なことを、この時すでに実践をもって示そうとしていたのである。勝や西郷の「対等開国論」の原型である。

佐久間の「対等開国論」は、その海防論にも表われていた。俊足の蒸汽船の襲撃に対して各地に砲台を築いても効果は少なく、日本も同様に蒸汽船を持って初めて、砲台も威力を発揮できると説いたのである。「礮台《ほうだい》は多きを貴ばずして、礮艘《ほうそう》は多きを厭わざるなり」（『省諐録』岩波文庫版、42頁）の主張は、同書の中で詳しく展開されている。藩主議会により挙国一致体制をつくるにせよ、「割拠」して「富国強兵」につとめるにせよ、その目的である「対等開国」

論の原型は佐久間象山にあった。

佐久間はペリー来航の翌年（一八五四年）に、すでに「予、年二十以後は、すなわち匹夫も一国〔松代藩〕に繫《つなが》ることあるを知る。三十以後は、すなわち天下〔日本〕に繫ることあるを知る。四十以後は、すなわち五世界〔世界〕に繫ることあるを知る」（『省諐録』の結び）と言い切っていた。西郷隆盛が「学問と見識は佐久間抜群」と評したゆえんである。

佐久間象山といえば、だれでも「東洋道徳、西洋芸術」を思い出す。しかし、彼の「西洋芸術」の理解の深さを熟知していた横井小楠は、逆に佐久間を「すでに邪教〔キリスト教〕に落ち入りたる者」と評していた（『日本思想大系55』、481頁）。数学と物理学を基礎として「西洋芸術」を理解し、その上に工学や軍事技術などの応用の学を位置づける佐久間の中に、「東洋道徳」など見つけがたいと思ったのであろう。

事実、佐久間は日本の儒学者など全く無用の存在とみなしていた。すなわち、「これあるも補うところなく、これなきも損ずるところなきは、すなわち無用の学なり」（『省諐録』、34頁）と。結局のところ、佐久間は「東洋の学」というものを認めず、「東洋の道徳」すなわち忠・孝の大切さだけを認めたのである。

もし佐久間が、次に記す横井小楠のように人文・社会科学的要素の強い人だったならば、日本人の哲学や政治や歴史を再解釈して欧米文明との折合いをつけようとしたであろう。しかし佐久間は、徹底して自然科学的に思考する人物だった。

ただし、自然科学的思考も徹底させれば、すぐれた社会科学的結論に到達することができる。その一例は、勝算なき戦争はしないという彼の主張の中に見出せる。

一八六三年初めに、朝廷が幕府と諸藩に「攘夷」の実行策の上奏を督促した時、松代藩主は象山にも意見を求めた。これに対し象山は、「攘夷」などはそもそも不可能で、不可能なことを行なう具体策などまったく思いつかない、と冷たくはねつけている。

すなわち、単に自分にその能力がないだけではなく、松代藩の伝説的英雄の真田幸村に尋ねても不可能という答えが返ってくるであろう。さらに中国の軍略家諸葛孔明や軍学者孫子が生きていても、今の日本が欧米列強に対して「攘夷」を行なう具体策など考え出せるはずがない、とまで言い切っているのである（「攘夷の策略に関する藩主宛答申書」、『日本思想大系55』、321－324頁）。

なぜ「攘夷」が不可能なのかは、まさに自然科学的に説明される。まず世界中の陸地の坪数を調べ、日本の坪数と比較し、「二百分の一には、はるかに及ば」ないことを明らかにする。次には、科学技術の差が明らかにされる。

外国の学術技巧は、かねがね申し候三大発明より、日々月々に長進いたし、天文・地理・船艦・銃砲・城制など、一としてその妙にいたらざるはこれなく、かつ蒸汽機の学盛んに相成り候より、海には蒸汽船を走らせ、陸には蒸汽車を行《や》り候。近日（五年前独乙にて開板に相成候□□（ママ）精《くわ》しき地図を得候て披覧《ひらん》候に、……諸国皆なことごとく国内に蒸汽車を行《や》るべきための鉄道を幾条となく開き、短きもの数十里〔マイル〕、長きものは千里余り候。その国力の富有強大いかなるべきや、この一事を以ても推知すべきことにご座候。（同上）

それにしても、欧米各国の鉄道のマイル数を「地図」一つで明らかにするとは、驚くべき着想である。地図の上の鉄道を糸とマチ針で計って縮尺で換算したのであろうか。情報が少ないときには智恵がそれを補ったのである。

このような彼我の力関係を日本特有の「徳義」で逆転させることは、できない相談である。彼の言葉で言えば、「その国力敵とひとしきに至らずして兵を構え候ては、その徳、その義いかよう彼れに超過候とも、その志を得候義は決して出来がたし、これすなわち天下の正理・実理・明理・公理にご座候」ということになる（同上）。この時から七十八年も後の真珠湾攻撃の前に、東條英機首相は象山のこの一文を読み返すべきだったのである。

「自然科学者」象山にとっては、このような欧米列強の科学力、工業力、軍事力に対抗するためには、日本の総力をあげた近代化が必要であるが、それには「公武合体」で十分であった。現存の権力構造の変革に時間をかけるより、現存の秩序を前提にした自然科学教育を支配階層、被支配階層全体に普及したほうが早道である、と説いたのである。

諸大名はその親族一統にいたるまで、高禄の旗本はその二、三男まで、さらには小禄の武家にいたるまで、その身分に相応して、「天文、地理、航海、測量、万物の窮理、砲兵の技、商法、医術、器械、工作等は皆な西洋を主として」、教育を施すのである(「時政に関する幕府宛上書稿」、一八六二年)。

このような「西洋芸術」の教育は、水準を引き下げた形で「農工商賈《こ》」にまで、「学校」を建てて普及される。「およそ学問三年にして小成し、九年にして大成する」という彼の持論と、身分制の維持を前提にした国民皆教育の主張とを合わせれば、象山の念頭には、小学、中学、大学および留学の四段階があったものと思われる。

このような一億総西洋教育の主張を粉飾するために、象山は「道徳、仁義、孝悌、忠信の教は、ことごとく漢土聖人の謨《ぼ》訓《くん》(教え)に従」うことを提唱する。彼の主張を「東洋道徳、西洋芸術」と要約することは、著しくバランスを欠いたものであり、「一割東洋、九割西洋」と呼び直したほうが正確であろう。

以上のことから明らかなように、「学問と見識においては佐久間抜群」という西郷隆盛の評価は、まことに的を射たものであった。しかし、明治維新以後の日本が直接、象山から継承したのは、彼の「海防論」であった。

象山の「海防論」は「専守防衛」ではなく、「積極的防御」であった。先きにも触れたように、四面海に囲まれた日本に、堅牢にして高速力の欧米列強の軍艦が迫るときに、各地に砲台を築いただけでは、ほとんど意味がない。こちら側も同様の軍艦を外国から購入して敵艦と対等の戦いをして初めて、「海防」が可能になると説いたのである（『省諐録』）。

この点については、象山の主張は明治初年の日本の軍部に継承された。明治四年（一八七一）旧暦十二月の兵部省（陸海軍省）の建言は、次のように主張している。

それ戦艦は運転活機の砲台なり。皇国沿岸万里四面皆な敵衝なれば、ことごとく砲台を駢《べん》列《れつ》しこれが備えを為す能わず。故に大に海軍を皇張し、至大の軍艦を造り、砲台の及ばざるところを援け、内地を保護すべし。

（『山県有朋意見書』、45頁）

ペリー来航直後の一八五四年に象山が獄中で唱えた「海防論」が、その十七年後の一八七一年に至って、ようやく兵部省に受け容れられたのである。

鉄道や軍艦に代表される欧米の工業力を、数学や物理の原理から軍事科学や工学にいたる自然科学の成果として吸収した佐久間象山に、唯一欠けていたのは経済学であった。彼自身、「貿易理財の義にご座候処、私義本よりこの筋修業仕らず」（318頁）と記している。「富国強兵」のうち、佐久間から「富国」は学べないというのは言いすぎであろうが、「富国」の中の重要な一要素であった「殖産興業」については、佐久間はほとんど対策を語っていない。佐久間の提言を受け容れて最新の軍艦を外国から購入しようとしても、日本国内の生産が増大し、なかでも輸出産業が飛躍的に増大しないかぎり、将来においても借金を返済する術《すべ》がない。

これに対して、先の勝・西郷・吉井会談で大久保忠寛と並んで名前の挙がっていた横井小楠の「富国論」は、当時から有名であり、かつ明治に入っての「殖産興業論」に直接につながるものであった。「富国強兵」という言葉を誰が最初に使ったのかを特定することは不可能であるが、横井がすでに一八六〇年から使っていたことは確かである。しかし佐久間と反対に、横井は「強兵論」のほうに弱く、「富国強兵」の主な内容は「殖産興業」の方であった。

小楠は一八六〇年に越前藩に提出された「国是三論」の中で、政府みずから農産試験場を作り、養蚕、製糸、農具などの器械化につとめ、同時に、原材料、労賃、肥料などの費用を政府が無利子で貸与することを提案している。これらの政府負担は、政府自身が海外輸出を独占して利益を得ればよいというのである（『日本思想大系55』、442-443頁）。後発資本主義国の工業化の二つのタイプ、すなわち輸出志向工業化と輸入代替工業化のうち、特産品の生産増加を政府主導で行なう前者の工業化をめざすものであった。

これらの殖産興業論は越前藩の採用するところとなったが、横井は開国か攘夷かをめぐる日本全体の動向を念頭にこの「三論」を書いている。「殖産興業論」の主体は、越前藩ではなく、中央政府だったのである。

「殖産興業」が日本政府全体の中心政策になるのは、明治六年(一八七三)の大久保利通の内務省創設以後であり、その際には横井の議論にはなかった輸入代替工業化も重視された。有名な「官営工場」の設立による、輸入綿糸などの国産化である。しかし、輸入代替工業化にもその外貨を得るための特産品の輸出は大前提であり、この面では大久保利通は横井小楠のよき後継者だったと言えよう。

横井の「殖産興業」論の特徴は、それが欧米文明の吸収としてだけではなく、中国大古の尭・舜・夏・殷・周(尭舜三代)の理想社会における歴史的伝統として主張されている点にあった。小楠によれば、儒教で言う「格物究理」とは、本来は自然の理を究明してそれに「工夫」を加え、生産を増やし、民の生活を豊かにするためのものであった。それを後世の朱子学が、人間社会を含めた宇宙の静体的な関係を究める抽象的な思弁に変えてしまったのである。

小楠の言葉でいえば、儒教本来の姿は、「山川、草木、鳥獣、貨物にいたるまで格物の用を尽して、地を開き野を経し、厚生利用いたらざる事なし」というもので、そのまま彼の「殖産興業」論のもとになるものだったのである（「沼山閑話」、一八六五年秋、『日本思想大系55』、513頁）。

このような儒教本来の姿を前提にしてペリー来航前後の欧米文明を見ると、両者の間には本質的な差はなくなる。佐久間象山のように後世の朱子学を前提にすれば、「東洋道徳、西洋芸術」と両者を使い分けなければならなくなるが、横井にとっては尭・舜・夏・殷・周の理想社会の文明と欧米文明とは同種のものであり、「道徳」と「芸術」に分ける必要はなかったのである。幕末開国期の東洋文明と西洋文明の接触という大問題なので、すこし面倒でも小楠自身に語ってもらおう。

近世西洋航海道開け、四海百貨交通の日に至りて、経綸《けいりん》の道、これを宋儒（朱子学者）の説に徴するに、符合するところあるべきに一としてこれなきは何なる故にや。しかる尭舜三代（夏・殷・周）に徴するに、一に符合すること書に載るところの如し。尭舜をして当世に生ぜしめば、西洋の砲艦・器械・百工の精・技術の功、疾《と》くその功用を尽して当世を経綸して天工を広めたまうこと、西洋の及ぶべきにあらず。（「沼山閑話」、『日本思想大系55』、513頁）

このように中国太古の理想社会と眼前の欧米文明とが連続的にとらえられるとき、欧米列強の開国要求は、むしろ好意的に理解される。極端な言い方をすれば、欧米列強の姿を借りて中国古代の聖人たちが、日本に開国を迫っているのである。

なかでも小楠は、アメリカ初代大統領のワシントンをもっとも尊敬し、イギリスの議会政治も民意尊重のゆえに高く評価していた。ワシントン以来のアメリカは、対外戦争を避け、世界中の知識を吸収し、「君臣の義を廃」して「公共和平」につとめている点で、中国太古の理想社会に近いものとして描かれている（前掲書、448頁）。

ちなみに、堯舜三代の治績とアメリカ初代大統領ワシントンを崇拝する小楠が、眼前の日本の神道、儒教、仏教をひとまとめにして否定していることは注目に値いする。

すなわち、「我皇国これまで大道の教え地を払ってこれなし。一国三教の形ご座候えども、聖人の道は例の学者（朱子学者）の弄《もてあそ》びものと相成り、□□《（ママ）》は全く荒唐無経《（ママ）》、いささかの条理これなく、仏は愚夫愚婦を欺《あざむ》くのみにして、その実は貴賤上下に通じ信心の大道いささか以てこれなし。一国を挙げて無宗旨の国体にて候えば、何を以て人心を一致せしめ、治教を施し申すべきや」、と（同前書、478頁）。

ちょうど今から百五十年前の安政三年の日本が、当時の横井小楠の眼に「一国を挙げて無宗旨の国体」と映っていたとすれば、二十一世紀の日本で声高に叫ばれる「伝統」とは、いつの時代までさかのぼれば出会えるものなのだろうか。

3 構想の一致と実践での対立

以上に見てきたような大久保忠寛の「公議会論」、佐久間象山の「強兵論」、横井小楠の「富国論」は、元来は勝や大久保を通じて幕府内の開明派や親藩の越前藩などに支持されたものであった。一八六四年旧暦九月の勝、西郷、吉井の会談の意味は、それが外様の大藩・薩摩藩の指導者にも共有されたことにある。

「公議会」論はさらに、勝海舟を通して土佐の坂本竜馬や、同藩の有力者後藤象二郎にも広がっていった。「攘夷論」の中心長州も、勝・西郷会談の翌年頃には、開国論に転換していた。一八六五年旧暦八月に大久保利通がイギリス留学中の薩摩藩士に送った書簡には、次のような一節がある。

長州戦争以往、いわゆる暴論過激の徒、たいてい眼を豁開《かっかい》し〔眼を大きく開き〕、攘夷の成るべからざるを弁別し、大に国を開くことを唱え候人心に相成り候。もっとも具眼の諸藩〔佐賀、越前、土佐、宇和島など〕は、断然商法〔貿易〕など施行の向きに聞かれ候。もし大樹〔将軍〕家竜頭蛇尾にして〔江戸へ〕東下あいなり候わば、ますます命令相行なわれず、各国〔藩〕割拠の勢い疑うべからず、これにより、富国強兵の術必死に手を伸ばし、国力充満、たとえ一藩を以てすとも、天朝を護し奉り、皇威を海外に灼然《しゃくぜん》たらしむるの大策に着眼するの外かこれなく候。（『大久保利通伝』上巻、648頁。傍点引用者。）

この短い引用の中には、三つの重要問題が語られている。

第一に、尊王攘夷派の最後の拠点だった長州藩も、第二次長州征伐の約一年前には、「開国論」に転換していたことである。

第二に、ここに列挙されている諸藩に薩摩藩を加えた有力五藩が、すでに「割拠」しての「富国強兵」にそれぞれ取り組みはじめていた点である。「断然商法など施行」の指すものは、特産物を欧米に売って、軍艦や兵器を購入することであった。前半は横井小楠の「富国論」の、後半は佐久間象山の「強兵論」の実践であった。

第三は、このような有力諸藩の「富国強兵」の努力を、幕府が中心となって結集できるか否かの問題であった。この結集は、すでに一年前の勝・西郷会談ですでに打ち出されていた「明賢の諸侯四、五人もご会盟」と、その恒常化として全国諸侯の「共和政治」によって可能となる。

そしてこの結集の目的は、安政条約に天皇が勅許を与える代わりに神戸の開港は拒絶するという「対等開国」にあった。大久保がここで言っている「大樹家竜頭蛇尾にして東下」とは、幕府が「諸侯会議」も開かず、いわゆる「兵庫開港」の拒絶もしなかった場合を指していたのである。

大久保の予想通り、幕府は、軍艦九隻を兵庫沖に並べた英・仏・米・蘭の要求に簡単に屈してしまった。条約の勅許と兵庫開港要求を独断で受け容れてしまったのである。しかも、この対応に際して、幕府の側から積極的に「藩主議会」を開こうともしなかった。「藩主議会」を召集して「開国」方針を定めると同時に、この挙国一致体制を背景に兵庫・大阪の開港は拒否するという西郷や大久保らの「対等開国」方針は、幕府によって退けられたのである。

形の上だけでは、幕府ではなく朝廷が、在京都の諸藩重臣の意見を徴して、条約は勅許、兵庫開港は拒絶という「対等開国」が採用された（一八六五年旧暦十月五日）。しかしそれは、幕府の積極的な指導力によって行なわれたものではなく、反対に幕府の意に反して為された決定であった。「藩主議会」も、それにもとづく「対等開国」も、幕府の手によっては行なわれないことが、明らかになったのである。

幕府の「開国論」と薩摩藩のそれとの相違は、欧米列強を「ハト」と見るか「タカ」と見るかにあった。この違いは、ジョージ・ワシントンの中に尭舜三代の聖人の姿を見出した横井小楠と、欧米列強に負けない軍艦を建造しながら「開国」に応じようとした佐久間象山の間に、すでに存在していたものである。王政復古の直前の時点でこの相違を端的に示している二つの史料を見てみよう。

新将軍にして最後の将軍ともなる第十五代将軍徳川慶喜は、一八六七年旧暦三月の天皇への上書で、次のように論じている。

堅艦利器彼の長を取り皇国の富強を謀り候は今日の急務に候間、何れも開港仕るべきは当然の儀にこれあり、しかるに今更らかれこれ申し断り候儀は、これまで苦心仕り候富強の術も一時に尽き果て申すべし。……即今海外諸邦、日々に相開け、万里比隣のごとく自在交通のみぎり、ひとり旧轍を堅く相守り、万国普通の交接いたさず候わでは、自然の大勢に相戻《もと》り、容易ならざる禍害、とみに相生ずべく存じ奉り候。……四海兄弟、一視同仁の古訓に御基づき遊ばされ、天下と共にご更始あらせられ候様仕り度し。左候わば、これまでの陋習《ろうしゅう》一洗、数年を出でず富強充実、皇国の御武威いよいよ皇張、宸襟《しんきん》を安んじ奉り候様尽力仕るべく存じ奉り候。

(『大久保利通伝』中巻、94－95頁)

一読したところでは、「開国」と「富強」をセットにした堂々たる「開国進取」論のように響く。しかし、この時の主題は、開国一般でも、条約の勅許でもない。この二つはすでに完了済みであった。問題は、本書の冒頭部分で引用した勝と西郷の会談以来一貫した課題であった「兵庫開港」にあった。

より具体的には、九隻の軍艦を列ねて兵庫開港を迫る欧米列強に、唯々諾々応じるのか否かにあった。これまでやや詳しく記してきた「公議会」論も、「割拠」しての「富国強兵」論も、西郷隆盛や大久保利通にとっては、単なる「開国」ではなく「対等開国」のためのものであり、「兵庫開港」はその試金石だったのである。

このような観点からこの慶喜の上書を読み直せば、「四海兄弟、一視同仁」の立場から「万国普通の交接」をすることが日本の将来のためであり、そのためには「開港仕るべきは当然」という楽観論だけが目についてくる。

これに対し、この慶喜上書の約四カ月後に、ロンドン留学中の吉田清成、森有礼ら薩摩藩留学生が大久保利通に送った書簡には、徹底した欧米不信、欧米「タカ」論が説かれている。

欧土の人宇宙に災害を布流せしこと数えがたし。ただいまだかつて一の欧人、己れの利を思わず人の為めに赤心を尽せる例、古今の歴史に見えざること、ある翁の説を承り、もっとも私共にもそれらの処は深く注意まかりあり申し候えども、いまだかつて見聞に及び申さず候。……己れを利せんには全く道をうち忘れ、諸州諸島を掠奪し、強きを友とし弱きを拒むは、欧州米州の質《たち》なりともいうべきか。
(『大久保利通伝』中巻、150−151頁)

このような弱肉強食の欧米列強に対して「四海兄弟、一視同仁の古訓」で対応するなどということは、薩摩藩留学生にとっては論外のこととなる。西郷や大久保の「対等開国」論は、同様の立場に立ったものと言うべきであろう。

4 「公議会」論の弱点

幕府が欧米列強の文明主義を信じて、「四海兄弟」の立場から「開国・開港」に応じるならば、何もわざわざ自己の権力を削減するような「公議会＝藩主議会」を創設する必要はなかった。「藩主議会」にしろ「藩士議会」にしろ、それは欧米列強に日本の挙国一致を誇示して、「対等開国」を行なうためにこそ必要だったのである。一八六七年旧暦三月の徳川慶喜の上書は、「対等開国」をめざす開明派大藩に、幕府と対抗しての「公議会」設立を迫ったのである。

一八六七年旧暦六月の薩摩藩と土佐藩の「同盟」、いわゆる「薩土盟約」は、その第一歩であった。土佐藩から後藤象二郎と坂本竜馬、薩摩藩から西郷隆盛と大久保利通が出席して結んだ盟約書は次のようなものであった。

一、天下の大政を議定する全権は朝廷にあり。我皇国の制度法律一切の万機、京師の議事堂より出づるを要す。
一、議事院を建立するは、よろしく諸藩よりその入費を貢献すべし。
一、議事院上下を分ち、議事官は、上公卿より下倍〔陪〕臣庶民に至るまで、正義純粋の者を選挙し、なおかつ諸侯も自らその職掌によりて上院の任に充《み》つ。
一、将軍職を以て天下の万機を掌握するの理なし、自今よろしくその職を辞して諸侯の列に帰順し、政権を朝廷へ帰すべきは勿論なり。

（『大久保利通伝』中巻、133頁）

ここに謳われているのは、大久保忠寛以来の、あるいは一八六四年の勝・西郷会談以来の、「公議会」論による将軍制度の平和的廃止である。もちろん徳川八〇〇万石は、薩摩藩七二万石、土佐藩二〇万石などとともに存続する。しかし徳川家が将軍職を放棄して、最大ながら一大名となり、他の二六〇人余の大小名とともに上院議員の一人となるのである。「薩土盟約」は、確かに徳川幕藩体制の一大改革をめざしたものと言えよう。

しかし、大久保忠寛が文久三年（一八六三）以来提唱してきた「公議会」論は、あくまで中央政府としての幕府を前提としたものであった。それは議会制一般の特質を少し考えてみれば明らかであろう。行政府なしの議会制などというものは、議院内閣制においても成立しない。行政府の権限と議会の権限とが憲法で（あるいは不文律で）規定された上で、議会の多数党が行政府を握るのである。

しかるに、この「薩土盟約」では、これまでの行政府であった「将軍職」を廃して「朝廷」に返還し、その朝廷の「全権」を支えるものとして二院制の創設が謳われている。「朝廷」自らが行政府にならないかぎり、新政治体制には行政府すなわち「政府」が存在せず、議会だけが存在することになる。

このことは、「薩土盟約」の上に立って慶応三年十月三日に前土佐藩主山内豊信《とよしげ》（容堂）が将軍慶喜に提出した建白においても、それを受けて同月十四日に慶喜が朝廷に提出した「大政奉還の上表」においても同様である。後者の関連箇所だけを引用しておこう。

当今外国の交際、日に盛なるにより、いよいよ朝権一途に出申さず候わでは綱紀立ち難く候間、従来の旧習を改め、政権を朝廷に帰し奉り、広く天下の公議を尽し聖断を仰ぎ、同心協力、共に皇国を保護仕り候えば、必ず海外万国と並び立つべく候。

（『明治天皇紀』第一巻、528頁）

「政権を朝廷に帰」すのであるから、日本国の「元首」は天皇に統一される。また、「広く天下の公議を尽」すのだから、何らかの議会制度（具体的には「藩主議会」と「藩士議会」）が創設される。しかし、「元首」と「藩主議会」の間になくてはならない「政府」についての言及はまったくない。「聖断を仰ぎ同心協力」するにしても、その核となる「政府」をどう構成するかは、完全に空白になっているのである。

ここまで見てくればもう想像がつくように、この空白の「政府」を、徳川家中心につくるのか、薩摩・長州を中心につくるのかをめぐる対立が、慶応三年十二月九日（一八六八年一月三日）の王政復古をもたらし、両勢力の武力衝突である慶応四年一月三日（一八六八年一月二十七日）の鳥羽・伏見の戦いを惹き起こしたのである。

このように、「政府」の性格をカッコに入れて論じられてきたことが、文久三年以来、あるいは元治元年の勝・西郷会談以来の、「公議会」論の致命的な弱点であった。このことと密接に関連して、「公議会」論にはもう一つの弱点があった。天皇、政府、上院、下院の関係を法的に位置づける「憲法」への言及がまったく見られないのである。

幕末憲法論というべきものとしては、先に見た『隣草』を書いた加藤弘之の同僚だった津田真道が、一八六七年旧暦九月に著した『日本国総制度』が有名である。幕府からオランダに派遣されて、ライデン大学で憲法学をじっくりと学んできた津田だけに、行政権、統帥権、上院と下院の構成と権限を条文化したもので、憲法草案の名に値するものである。

しかし、それは形の上だけのもので、徳川家と諸藩は海軍を除くすべての兵権、財権を握っており、陸軍と租税権を持たない「総政府」と上・下院はお飾り以上のものではなかった。大久保忠寛以来の「公議会」論を、憲法風に書き換えたものにすぎなかったのである。

これはきわめて奇妙なことであった。なぜならば、津田はこの前年の一八六六年に、ライデン大学教授シモン・フィッセリング（Simon Vissering）の憲法講義を、ほぼ全文翻訳していたからである。津田がみずからノートを取り、翻訳して刊行した『泰西国法論』（刊行は一八六八年、脱稿は一八六六年）は、体裁においても内容においても、そのまま日本憲法の下敷きにできる水準のものであった。

その内容は、約二十年後の一八八九年に発布された大日本帝国憲法よりも、はるかに議会主義的なものであった。議会権限について、フィッセリングは次のように講義している。

第三章、定律の国法において……殊に緊要とするは、国家の頭主たる政府に平列して代民総会を立て、制法の権を別ち、政令を監視せしむるなり。

第四章、代民総会は独り政府の輔弼《ほひつ》参謀のみに止らず、自らその所見に従い独断独行すべし。

第五章、代民総会の列、すなわち議事に任ずる人は、宰相（首相）のごとく国君の臣に非ず。故に必ずしもその〔国君の〕命令に恭順するを要せず。これを任ずる者国民なり。故にその責を受るところ、もっぱら国民にあり。

第七章、定律の国法に従わば、国内に二箇自立の権威ありて匹敵対抗す。政府および代民総会これなり。これこの二体心を協《あわ》せ力を戮《あわ》せて国家の大益を増長せんが為めなり。

……

（巻三、第五篇。『津田真道全集』上巻、166頁、傍点筆者。）

一読して明らかなのは、議会の地位の高さである。議院内閣制に慣れ親しんでいる今日の私たちの眼には、「政府」と「代民総会」とが一つにならない点が不満に思えるかも知れない。しかし、第五章に記されているように、議員は首相と違って「国君の臣」ではなく、「その命令に恭順」する必要がない。議員を選ぶものは国民であり、議員は「国君」ではなく「国民」の「臣」なのである。

これだけの憲法論が、幕府からオランダに派遣された幕臣の手で翻訳され、幕府の機関から刊行されていたことは驚きである。しかし、この憲法論は、「薩土盟約」や「大政奉還」の二院制論にはまったく反映されていない。上院と下院の構成はある程度描かれていても、ここで紹介したような議会権限の規定は、全くないのである。

すでに記したように、「大政奉還」前後の二院制論には、「政府」の権限と選出方法についての記述がまったくない。さらに、ここに明らかにしたように、それらには議会権限についての記述も、まったくなかった。「政府」についても「議会」についても、明確な規定のなかった幕末の「公議会」論には、新政治体制を創設する力がなかったのは当然であろう。「新政府」の性格は、旧幕府軍と薩長軍が鳥羽・伏見で一戦してみて決めるしかなかったのである。

（毎日新聞社提供）

第二章

幕府か薩長か

勝海舟（1823-1899）

貧しい旗本の家に生まれたが、蘭学を学び、米国訪問のために咸臨丸を指揮して太平洋を横断した。その後、幕府海軍の育成に当たる。明治維新にあたっては権力の平和的移行に努力し、西郷隆盛との江戸城引渡しの会見は有名である。

1 「政権」はだれが?

明治の政治史で農村地主が政治の舞台に登場してくるのは、明治九年(一八七六)から明治十三年(一八八〇)にかけてであった。明治九年の地租改正反対一揆で約一七パーセントの減税をかち取った農村地主は、その翌年の西南戦争に原因する米価騰貴で、さらに実質上の大幅減税を得た。経済的力をつけた農村地主は、かつては「藩主議会」や「藩士議会」として構想された「公議会」論を、自分たちのものとして再構築したのである。一八八〇年に全国的運動として盛り上がった「国会期成同盟」がそれである。

一八六七年の大政奉還前後に最盛期を迎えた「公議会」論が、次の最盛期を迎えるのに十年以上もかかったのは、「戊辰戦争」と呼ばれる「内戦」のためであった。徳川家から有力諸藩主、有力諸藩士までを網羅した「公議会」構想が、国内を二分する「内戦」に一転したのである。

その最大の原因は、すでに記したように、「公議会」論に「政権」の問題が入っていなかったからである。徳川慶喜が「公議会」論を受け容れて「大政奉還」を行なった時、彼はそれまでどおり、「政権」は徳川家で握るつもりであった。「藩主議会」（上院）も「藩士議会」（下院）も、この徳川政権の諸政策に賛否を表明するに過ぎないものとして受容されたのである。このことは王政復古クー・デタの不当性を諸外国の公使に報じた、慶喜自身の文書によって明らかになる。慶応三年十二月（一八六八年一月）のことである。

〔余は〕祖宗以来伝承の政権を擲《なげう》ち、広く天下の諸侯をあつめ、公議を尽し与論を採りて、余が国政府の建法変革を定めんと、信約を以て朝廷に寄せたり。……諸侯の公議相決するまで、諸事これまでの通り政権を執行すべしとの勅命なるにより、もっぱらその会議の期を待ち断然その席に臨まんとせしに、あにはからんや、一朝数名の諸侯、兵仗《へいじょう》を帯して禁門に突入し、……最前勅命の旨を変じ、公議を待たず将軍職をも廃止する事に至れり。

（『大久保利通伝』中巻、358頁）

最後の一文は、特に重要である。旧暦十月二十四日の大政奉還で彼が朝廷に返上したのは「将軍」であって、「将軍職」ではなかったのである。慶喜自身は征夷大将軍を罷《や》めても、「将軍職」自体は残っており、「諸侯の公議」次第では、彼が改めて「将軍職」につく可能性もあったのである。

たしかに慶喜の言うとおり、征夷大将軍という官職は朝廷のものであり、いくら将軍の力が強くても、返上はできても勝手に廃止できるものではなかった。十月二十四日に慶喜が将軍職を「辞退」してから、十二月九日の王政復古の大号令で「摂関」職とともに「幕府」が「廃絶」されるまでの一カ月半の間は、「将軍職」は空位だったのである。

「将軍職」が空位であったということは、「政権」が存在しなかったということである。この意味では、この通達文で、慶喜が二度にわたって「政権」という言葉を使っていることは注目に値する。そして、新たにできる「政権」は、大政奉還の大前提であった「諸侯の公議」で決定されるべきで、慶喜自身も「断然その席に臨」むつもりだったのである。

六月の「薩土盟約」で二院制の「公議会」構想に同意した薩摩の西郷や大久保も、当然この問題には気がついていた。否、西郷らは三年前の勝海舟との会談以来、一貫してこの点を気にしていたと言っていい。一八六四年の西郷や六五年の大久保が、「割拠」しての「富国強兵」をいつも考えていたのは、このためである。「藩主議会」や「藩士議会」で国論を定めるのはいいとしても、「政権」はだれが握るのかが決まるまでは、「割拠」しての「富国強兵」を緩めるわけにはいかなかったのである。

よく知られているように、薩摩藩の「公議会」路線は、すでに記した一八六七年旧暦六月の「薩土盟約」であり、その「割拠」路線のほうは、前年一月の「薩長提携」であった。後者の路線をとる長州藩の木戸孝允は、十月の大政奉還の直後に、同藩の伊藤博文と井上馨両人に手紙を送り、次のように論じている。

（今後は我藩主父子も）芋と少しも相変り候事はこれなく、同一致にて一生懸命相尽させられ候都合に至り申候間、ますますそのお含みにて、この上ながらお尽しあらせられたく、ただただ祈念奉り候。……ヤカンも鰹節も段々あとにつき来り候やにも相察せられ申候。

（『伊藤博文伝』上巻、321－322頁。一八六七年旧暦十月二十三日付）

「芋」（薩摩）と「鰹節」（土佐）はすぐにわかるが、広島薬缶《やかん》については、百科辞典の助けが必要だった。土佐藩の後藤象二郎が中心となって実現した大政奉還の直後に、薩摩・長州・土佐・安芸（広島）の四藩の提携が強化されているのである。それが、大政奉還と対立する「王政復古」クー・デタをめざす提携強化であったことは容易に想像がつくが、土佐藩については若干の説明が必要であろう。

土佐藩においては、大政奉還をめざす後藤象二郎や坂本竜馬が、すでに記した「薩土盟約」

をめざしている時に、板垣退助や谷干城らは、その「裏盟約」とでも言うべき密約を、薩摩の西郷や小松帯刀との間で結んでいた。谷干城の回想によれば、それは次のようなものであった。

すでに盟約ありといえども、〔藩〕政府の変化計りがたし。万一〔藩〕政府遅疑するも、我ら同志の徒はいよいよ結合を堅くし、やむを得ざるに至らば〔藩〕政府と離れて実行を期す。

（『谷干城遺稿』上巻、42頁）

同じ土佐藩の中にも、慶喜と結んで大政奉還後の指導権を握ろうとする後藤象二郎のグループと、薩摩や長州と結んで、場合によっては武力倒幕に進もうとする板垣退助や谷干城のグループが存在していたのである。薩摩藩の西郷や大久保は、最後の段階までこの両路線の双方にかかわっていた。彼らは、早くから支持してきた「公議会」構想を簡単には投げ捨てられなかったのである。

「空白」の「政権」を誰が埋めるかという観点から見るとき、西暦一八六八年一月三日（慶応三年旧暦十二月九日）の王政復古の大号令のうち、次の一節が特に重要になる。

自今摂関幕府等廃絶、即今先仮リニ総裁議定参与之三職ヲ置レ、万機可被行。

（原文のまま。『明治天皇紀』第一巻、558頁）

「幕府」を「廃絶」して「三職」を置き、「万機行なわるべし」という文脈で見れば、これが「政権」の交代を意味したことが明らかになる。「王政復古」自体は、すでに「大政奉還」によって実現していたが、「王政復古政府」は成立していなかった。「王政復古の大号令」と呼ばれるものの意味は、この「政府」の創設にあったのである。

この「大号令」で次に注目すべきは、「仮リニ」の三文字である。越前藩の「公議会」論者中根雪江は、公卿五人と大藩の藩主・前藩主五人とによって構成される「議定」を「上院」と呼び、同じく公卿五人と五大藩の藩士各三人（合計二〇人）から構成される「参与」を「下院」と呼んでいる（『戊辰日記』、8頁）。

しかし、これは「公議会」論者らしからぬ誤解である。「王政復古の大号令」は、「公議会」について規定しているのではなく、「幕府」に代わる政府としての「議定」と「参与」の創設を謳っているのである。

天皇の勅諭によって新政府を定めるというのは、本書でこれまで見てきた一八六四年以来の「公議会」論の趣旨に反するものであり、わずか半年前の「薩土盟約」にも、さらには、わずか一カ月半前の「大政奉還」の趣旨にも反するものであった。だからこそ、この「大号令」でも「仮リニ総裁、議定、参与之三職ヲ置」くと、「仮リニ」の三文字が付されていたのである。

ここで「仮決定」された議定や参与は、中根の言うように「上院」や「下院」ではなく、近いうちに「藩主議会」（上院）と「藩士議会」（下院）を開いて正式に決定しなおさなければ、有効とは言えないものだったのである。

「大号令」について触れておかなければならないもう一つの点は、「幕府」の「廃絶」と並記されている「摂関」の「廃絶」の意味である。いうまでもなく、朝廷内にあって孝明天皇の下で幕府との調和路線を守ってきた摂政二条斉敬《なりゆき》以下の公卿を排除して、反幕府派の公卿を総裁、議定、参与に任命するものであった。

しかし、その意味するものは、単なる政治路線の問題を超えるものであった。「幕府」を「総裁、議定、参与」に換えるだけではなく、天皇自らも象徴的存在から政治的君主に生まれ代わるという意味が、「摂関」の「廃絶」には込められていたのである。このことは、明治元年三月（一八六八年四月）の有名な「五カ条の御誓文」の検討によって明らかになる。

御誓文の中で一番有名なのは、第一条の「広ク会議ヲ興シ万機公論ニ決スベシ」であるが、一八六四年以来の「公議会」論を追ってきた本書の観点からすれば、この第一条は幕末政治史のコンセンサスの確認にすぎない。本来ならば王政復古そのものが、「広ク会議ヲ興シ」て決定されるはずだったのである。

摂政、関白の「廃絶」との関連で重要なのは、第四条の「旧来ノ陋習ヲ破リ天地ノ公道ニ基クベシ」のほうであり、特に「御誓文」と同時に発せられた天皇の告諭の次の一節である。

近来宇内《うだい》大いに開け、各国四方に相雄飛するの時に当り、独り我が国のみ世界の形勢にうとく、旧習を固守し一新の効をはからず、朕いたずらに九重中《ここのえのうち》に安居し一日の安きを偸《ぬす》み、百年の憂を忘るるときは、ついに各国の凌侮《りょうぶ》を受け、上は列聖を辱しめ奉り、下は億兆を苦しめん事を恐る。

(『明治天皇紀』第一巻、650 - 651頁)

御誓文第四条の「旧来ノ陋習」とは、天皇が摂政、関白、議奏らに囲まれて「九重中に安居」してきたことを指すものだったのである。「九重中に安居」することを止めた天皇は「親《みずか》ら四方を経営し、汝億兆を安撫し、ついには万里の波濤を拓開し、国威を四方に宣布」すると宣言したのである。

こうして、「藩主議会」を開いて再度「政府」に返り咲きたい徳川慶喜と、「藩主議会」抜きで、朝廷の権威と自分たちの武力とで新政府をまず作ってしまいたい薩長両藩とは、互いに武力衝突の覚悟を堅めていった。

慶応三年十月二十四日の大政奉還と十二月九日の王政復古（一八六七年十一月九日－六八年一月三日）を同じ政治改革の第一段階と第二段階とみなしていたのは、徳川慶喜だけではなかった。土佐藩前藩主の山内容堂、越前藩前藩主の松平慶永などは、この観点から大政奉還を支持し、王政復古に同意したのである。

彼らはこの観点から、王政復古当日の夜開かれた小御所会議で、新体制が徳川慶喜を排除して創設されたことを、激しく批判した。議定に任命された土佐藩前藩主山内容堂は、この会議で次のように発言している。

この度の変革一挙、陰険の所為多きのみならず、王政復古の初に当って兇器を弄する、はなはだ不祥にして、……二百余年天下太平を致せし盛業ある徳川氏を、一朝に厭棄して疎外に附し、……又人材を挙る時に当って、この政令一途に出で王業復古の大策を建じ政権を還し奉りたる如き大英断の内府公〔慶喜〕をして、この大議の席に加え給わざるは、はなはだ公議の意を失せり。速《すみやか》に参内を命ぜらるべし。

（『幕末政治論集』、538頁）

しかし、先に記したように、薩摩、長州、土佐の一部、安芸（広島）の四藩の間には、すでに大政奉還の直後から、倒幕のための意思疎通が行なわれていた。その四藩は旧暦十二月二十七日に、御所の建春門（日御門《ひのごもん》）前で天皇御前での観兵式を行なった。土佐藩約四〇人、安芸藩八〇人、長州藩四〇〇人、薩摩藩一五〇〇人という数字に倒幕派内の勢力関係があらわれている。前藩主が王政復古クー・デタに反対していたために最小兵力しか参加させられなかった土佐藩の谷干城は、この日の武力示威の様子を次のように回想している。

（旧暦十二月）二十七日にいたり日御門前において薩長土芸四藩の観兵式の天覧あり。さすがに薩は服装帽も皆一様にて、英式により大太鼓、小太鼓、笛等の楽隊を先頭に立て、正々堂々御前を運動せる様、実に勇壮活発、佐幕者（親幕府派）をして胆《きも》を寒からしむ。薩に次ぐ者長、長に次ぐは芸、しかして我（土佐）は唯二小隊のみ、服装また一定せず、兵式は旧来の蘭式なり。我が輩軍事に関する者、遺憾に堪えざるなり。……各藩歩兵のみなりしが、薩は一隊の砲兵最後を行軍せり。かくのごとく盛大の観兵式は余いまだかつて見ざるところなり。我が（土佐藩）政府は頗《すこぶ》る冷淡にして、戦の眼前に迫るを知るものなし。

（『谷干城遺稿』上巻、59頁）

谷の回想では観兵式は「日御門」前で行なわれたとあり、『明治天皇紀』には「建春門」前とある。「御所」の事だから『明治天皇紀』によるべきだろうが、大久保利通の日記にも「日の御門」前で行なわれたと記されている。

「建春門」の別名が「日御門」であったことは容易に想像がつくが、何となく不安である。仕方ないので御所へ行ってみた。建礼門に向かって右角の建春門には何も書いてないが、観光地図で確認できたし、仙洞御所の警察官もそう教えてくれた。しかし、王政復古当時それを「日御門」と呼んだかどうかまでは、御所の警察官も確言はできなかった。

あきらめて今出川御門から相国寺に抜けようとしたら、そこに立ててある御所の地図の横に、幕末の地図が付いており、建春門のところが「日御門」と記されており、当時はそう呼んだと説明が付されていた。確認がとれたので改めて建春門にもどると、確かに約二〇〇〇人の四藩兵が観兵式を行なうに十分な道幅があった。

この四藩観兵式の二日前に、旧幕府軍が江戸の薩摩藩邸を焼打ちしていたから、双方ともに武力衝突の意図をはっきりと表明していたのである。事実、この観兵式の翌日（十二月二十八日）に、西郷隆盛は土佐藩の谷干城を呼んで、「はじまりました。至急乾《いぬい》（板垣退助）君に御通じなされよ」と告げている（同前書、同頁）。

2　不徹底な「軍隊の革命」

鳥羽・伏見の内戦は、慶応四年旧暦一月三日（西暦一八六八年一月二十七日）に始まった。一万五〇〇〇人対四〇〇〇〇人という兵力数にもかかわらず、薩長連合軍が二日間で旧幕府軍を破った経緯はよく知られている。先に谷干城の回想録で見た、軍楽隊から砲兵隊までを備え、全員当時なりの洋式軍服で身を固めた薩摩軍の功績であった。

鳥羽・伏見の戦いで勝利した薩・長・土三藩を中心とする「官軍」が、二月二十一日に江戸城に向けて進軍し、三月十三日の西郷隆盛と勝海舟の二度目の会談で江戸の無血開城が決まった経緯も、同様によく知られている。

ただ、この両人による無血開城の決定は、「官軍」全体としては当然の成り行きではなかった。本書第一章でたびたび言及した、三年半前の勝・西郷会談がなければ、「官軍」は一挙に江戸城に乱入したかも知れない。鳥羽・伏見の戦争の主力が薩摩軍で、その薩摩軍は西郷隆盛の完全な統率下にあり、その西郷が一八六四年旧暦九月の会談以来、一貫して勝海舟と大久保忠寛という幕府内開明派に心服していたからこそ、無血開城が簡単に決定したのである。西郷隆盛という人は、今日の日本人には稀《まれ》な、主義としては欧化主義、心情においては義理と人情に忠実な人物だったのである。

西郷が相当に欧化主義的な政治家であったことは、すでに第一章で詳しく記した。しかし、その西郷が三年半前の勝の教えを多とし、またその会談で名前の挙がった大久保忠寛を尊敬して、江戸城進軍停止を独断で決定した義理固さを知るためには、若干の迂回が必要である。

三月十三日の勝との会談の翌日、東征軍全体の参謀として西郷が、三軍（東海、東山、北陸）に進軍停止を命じたことに、東山道から江戸城に迫っていた土佐藩兵などの東山道総督府は、強い不満を表明していた。同軍の大監察であった土佐藩の谷干城は、日記をもとにした回想の中で、次のように記している。

旧幕の役人にて専《もっぱ》ら時務に預る者は、勝安房《あわ》（海舟）、大久保一翁（忠寛）、山岡鉄太郎（鉄舟）なり。この徒、陽に恭順を唱え、陰に激徒を促し脱走せしめ、事を四方に起さしむるの策なり。……近藤勇らの脱走して事を起せしも、勝、大久保（忠寛）ら指示せし由なり。「近藤勇縛《ばく》に付くの後、板橋宿陣において彼を詰問す。大久保一翁の命を受けて行くと云う」。しかるに東海道さらに心を置かず、勝安房らの云う処を信じ、万事因循《いんじゅん》なり。……西郷ら勝安房に談判にて城ならびに器械、軍艦など一切相渡す筈のところ、城は渡せども船は即座に渡さず、器械も多くは取り去りたり。官軍より速かに取調べなば、少々の変事はあるべけれども、後日大害はなかりしものを、因循して賊を長ぜしめし事、全く〔東〕海道軍の失策より起れり。（『谷干城遺稿』上巻、91頁）

ここで谷干城は、西郷の勝海舟や大久保忠寛への過信が、江戸無血開城以後の会津戦争をもたらした主因であると記しているのである。東山道総督府大監察という地位は、総督と参謀（板垣退助）に次ぐ、第三番目の地位である。それが薩摩藩兵を中心とする東海道総督府の処置に強い不満を記していたのである。そして、不満の原因として挙げられている三人の幕臣への過剰な信頼のうち二人は、一八六四年旧暦九月の会談で西郷や吉井友実が心服した勝海舟と大久保忠寛なのである。

西郷を中心とする薩摩藩兵の勝や大久保への信頼の厚さを示すもう一つのエピソードも挙げておこう。新撰組隊長近藤勇の処刑をめぐる、薩摩と土佐の対立である。

旧暦四月二十五日に処刑された新選組隊長近藤勇の吟味に際して、坂本竜馬が新選組に暗殺されたと信じていた土佐藩は厳しい態度で臨んだ。この吟味に土佐を代表して立ち会った谷干城は、拷問にかけても、新選組の抗戦が勝海舟や大久保忠寛らの命令によることを白状させようとした。しかるに薩摩藩を代表して訊問に当たった平田九十郎は、「今、勝、大久保らの事まで詰責せば、〔東〕海道の穏かな御取扱の御趣意にも戻り申すべく《ママ》」として拷問を阻止した。

この問題は有栖川宮大総督をも巻き込んだ、薩摩と土佐の対立に発展したが、薩摩の伊地知正治は「この事独り我らどもの論ばかりにてはこれなく、薩州の論なり。この儀をご採用なき時は、兵を率い帰る、……これまでの大業は誰の成せしに候や」と言い放っている（『谷遺稿』上巻、99-100頁）。近藤勇の訊問が勝海舟や大久保忠寛の不利になることを、薩軍の引き上げまでも匂わして阻止したのである。

一八六四年九月の勝と西郷・吉井の会談から六八年三月の江戸無血開城、そしていま記した四月の近藤勇の訊問などから明らかになることは、薩摩藩の大久保利通や西郷隆盛は、幕臣の勝海舟や大久保忠寛を、彼らの考える明治新政府に欠くべからざる人材と位置づけていたということである。やや後のことになるが、土佐藩選出の参議佐々木高行は、明治三年旧暦九月二日の日記に、次のように記している。

思ふに薩人は勝・大久保〔忠寛〕を信用し、長人の反対なり。大隈は木戸を信用し……大隈の末社〔伊藤博文、井上馨ら〕頻《しき》りに大隈を押し立てるなり。

（『保古飛呂比《ほごひろい》　佐々木高行日記』第四巻、420頁）

明治元年三月十三、十四日の西郷と勝の協議で江戸無血開城が決まると、新天皇はただちに五カ条の御誓文を公表して、新政府の基本方針を表明した。すでに記したように、その第一条の「広ク会議ヲ興シ万機公論ニ決スベシ」は、この時までには全国諸藩の間ですでに「公論」になっていたもので、決して目新しいものではなかった。

しかも、鳥羽・伏見戦争以前には相当な影響力を持っていた土佐藩や越前藩の「藩主・藩士議会論」も、無血とはいえ江戸城の陥落により、急速に支持者を失っていった。徳川慶喜の処遇は「公論」をもって決めるべきであると主張していた越前藩選出の参与中根雪江も、公開の会議を開いたのでは各藩の藩主も藩士も率直な意見を言えないから、無記名投票で今後の徳川家の家禄を決めるよう、議定の岩倉具視に進言している（『戊辰日記』、329頁）。この大幅に後退した「公議会」論を新政府は受け容れたが、無記名投票の結果は中根の期待をまったく裏切るものであった。八〇〇万石の徳川家を何万石にするのが適当かという下問に、各藩主および藩士代表（徴士）の八〇パーセントは三〇万石以下と答えたのである（同前書、353頁）。

徳川家も含めた大名議会を国政の中心に据えようとした「公議会」論は、江戸開城により、その有効性を失ったのである。明治立憲制の起源として誰でも知っている「広ク会議ヲ興シ万機公論ニ決スベシ」の御誓文は、幕末以来の「万機公論」路線が内戦で挫折した直後に発表されたのである。御誓文にもかかわらず、「万機公論」体制が明治憲法体制として一応成立するのが、この二十三年も後である一因はここにある。

鳥羽・伏見以来の内戦がそれまでの「公議会」構想を挫折させた原因であることは容易に理解できる。しかしそれならば、江戸開城以後も半年余も続いた「戊辰戦争」がそのまま「軍隊の革命」をもたらしたかといえば、少なくとも短期的にはそうはならなかった。

「内戦」を機に、「公議会」から「軍隊の革命」にもっていこうという構想は、たしかに存在していた。会津若松の落城(旧暦九月二十二日)からわずか三週間後の十月十七日に、兵庫県知事の伊藤博文は、次のような建言を行なっている。

この機に乗じ北伐の兵をして改めて朝廷の常備隊とし、総督、軍監、参謀以下皆な至当の爵位を与え、これに兵士を司《つかさど》らしめ、兵士にもまた班秩〔位と官職〕ありて各そのところを得さしめ、大に欧州各国の兵制を折中し、以て新に我兵制を改革し、朝廷親しくこれを統御せば、……内は不逞を制し、外は万国に対し以て恥ずべからざるなり。

(一八六八年旧暦十月十七日付、『伊藤博文伝』上巻、412頁)

同じ意見書の中で伊藤が、「全海内の兵、北地に向いしより強きはなし」と記しているように、八カ月にわたる戊辰戦争を経験した薩・長・土三藩を中心とする「官軍」は、当時の日本では最強の陸軍であった。「官軍」をそのまま天皇の軍隊に再編しようという伊藤の提言は、その点でも当を得たものであった。

しかし肝心の「官軍」には、「官軍」意識よりも「藩兵」意識のほうがなお強かった。彼らは東北から新都東京に凱旋すると、ただちに藩地に引き揚げてしまったのである。

谷干城の日記によると、土佐藩兵は十月十一日に庄内から引揚げ、二十四日に芝増上寺に着くと、一部を残して三日後には、イギリス船を借りて土佐に向かって帰還している。後に残った板垣退助〔東山道総督〕らも、さらにその三日後の旧暦十一月二日には船で東京を発ち、五日に高知に着いている。十一月五日の解隊についての谷日記を読めば、伊藤の提言はまだ画餅《がべい》にすぎなかったことがわかる。

〔十一月〕五日国に着す。公致館に臨み〔藩主が〕謁《えつ》を諸隊に賜う。御慰労の御意を蒙《こうむ》れり。これより解隊。諸人雀躍して皆家に帰る。今日余老親に謁し、喜び極って暫く辞《ことば》なし。今夕酒味殊に美なり。

(『谷干城遺稿』上巻、172頁)

幕末政治史から明治初年政治史に移る時、研究者にとって厄介なのは、土佐藩兵のように自分の郷里にもどってしまった「官軍」の動向である。なかでも、戊辰戦争の英雄西郷隆盛が率いる薩摩軍団の動向は、明治初年の政治史を引きずりまわしたと言っていい。

すでに記したように、戊辰戦争の「官軍」の中核をなしていた薩摩・長州・土佐の藩兵指導者たちは、「転向」の遅かった長州でさえ、王政復古の二年以上前から、「攘夷論」を放棄していた。「戊辰軍団」とでも呼ぶべき彼らの象徴的人物であった西郷隆盛にいたっては、すでに記したように、一八六四年九月には、勝海舟を尊敬し、佐久間象山の「富国強兵」論を吸収していた。

しかし他方で、本書で「攘夷論」とも「開国論」とも区別して「対等開国論」と呼んだにもかかわらず、西郷をはじめとする薩摩軍団がその威力を示したのは、対欧米戦争ではなく対幕府の内戦においてであった。第一章で記したように佐久間象山の海防論を尊敬していた西郷隆盛は、海軍ではなく陸軍で名声を博したのである。明治の末年には「長の陸軍、薩の海軍」という呼び方が定着するが、もし明治十年（一八七七）の西南戦争がなかったならば、薩摩は陸軍でも有名でありつづけたであろう。

後章で改めて記すように、明治四年（一八七一）の廃藩置県前後に薩・長・土三藩の陸軍七〇〇〇名弱が東京に駐屯することになり、その動向が日本の内政と外交に大きな影響を与えるようになる。

（毎日新聞社提供）

第三章

大蔵官僚の誕生

伊藤博文（1841-1909）

松下村塾に学び、木戸孝允に従って攘夷運動に参加する。維新後は大久保利通の下で近代化に努め、憲法起草の中心となるなど、明治体制の確立に貢献した。晩年は初代の韓国統監となり、満州視察のために立ち寄ったハルビン駅で、韓国人安重根に射殺された。

1　伊藤博文の大蔵省論

戊辰戦争という「内乱」が大久保忠寛の「藩主議会」構想を挫折させたように、王政復古後の大蔵官僚の誕生が、横井小楠の「富国論」や佐久間象山の「強兵論」に待ったをかけた。「富国」や「強兵」への財政出動の前に、まず健全な中央財政を確立することが最優先の課題であると、誕生したばかりの大蔵官僚が主張したのである。その典型を大蔵少輔（今の局長）伊藤博文の、一八七一年旧暦七・八月の手紙や意見書に見ることができる。

伊藤はまず、政府が紙幣を発行すれば「富国」も「強兵」もただちに実行できるとした由利財政を転換した、大隈重信大蔵大輔《たいふ》の功績を高く評価する。七月十四日付で大蔵省の同僚井上馨に宛てた手紙の中で、伊藤は次のように論じている。

また聞く、越の経済家〔由利公正〕を再び挙げて民政を委託すと。ここに至って、在朝の人を鑑識するの活眼なきのみならず、すでに施行したる事務の得失を自から弁ずる能わず、終《つい》に賞罰の大典も地に墜ち、恐れながら明天子の大徳を汚すに至るにあらずや。

今日、朝廷の会計ようやく維持するを得たるは、独り大隈の力にあらずして誰か。その初めに当り、是非を論ずる卓識の有りたる人ありや。三岡〔由利公正〕をして若《も》し朝廷にあらしめば、全国の人民、一小片紙を抱いて路傍に臥死せしむるの外なし。貨幣を鋳造して外国人に籠絡され、その利を占得せらるるの外なし。朝廷をして終に……損亡瓦解するの形勢に至らしむるの外なし。これ皆な、経済の実理に明らかならざるより出づるの外なし。在朝の人、いまだよくこれを知らず、大隈一人早くその憂を知り、これを未萌《みぼう》に防ぎ、全国の災害を除去して今日の興隆に至らしめたり。その卓見に及ばざるのみならず、その後といえども、いく度か艱難危害に当り、この難事に処せしめたり。しかしていまだその人物の如何を知らざるは、三尺の小児にも劣ると云わざるを得ざるなり。（『伊藤博文伝』上巻、572－573頁）

太政官札を印刷すれば外貨と同価で通用すると考えていた由利財政の失敗については、ここでは立ち入らない。ここで問題にしたいのは、第一に、前章で触れた土佐の佐々木高行の日記（明治三年九月）との関連である。すなわち、薩摩藩は勝海舟と大久保忠寛を信頼し、長州藩は大隈を押し立てている、という記述である。この日記と関連させれば、その薩摩の大久保利通が大蔵卿になり、長州藩が「押し立て」てきた大隈がいったんはその下位に置かれたことに、ここで伊藤は激怒しているのである。

この井上馨宛ての手紙の日付も重要である。明治四年旧暦七月十四日というのは、明治維新の最大の変革と言われる廃藩置県の詔《みことのり》が出された当日である。その当日の伊藤博文の最大関心事は、大隈を大蔵卿に昇進させて、その下で中央財政を確立することに置かれていたのである。

アメリカでの調査をふまえて伊藤が提案した大蔵省職制改革案は、一方で大蔵卿の政府内での発言権をさらに強化し、他方ではその下にある、租税、出納、伝票、正算、検査、造幣、記録、紙幣、統計、営繕、用度、刊行などの寮（今日の局）や課の分業体制を詳細に規定したものであった。

たとえ廃藩置県で全国の年貢を中央政府に集めても、大蔵省の権限が弱ければ、その使途の厳正さは保障できない。しかし大蔵省内の各局課の責任分担と監視体制が厳密でなければ、拡大した大蔵省権限も乱用されかねない。伊藤が大蔵省権限の拡大とともに、その乱用をいかに警戒していたかは、局課の一つ記録司についての次の論述に端的に表われている。

大蔵省より出納するところは、皆な政府の公金にして、日本全州より出すところの租税なり。故に一銭もこれをゆるがせに出納すべきにあらず。ここにおいて、会計に係りたる書類の証拠となるべき物は勿論、その簿冊のごときも、これを記録司の庫中に保存し、千百載〔年〕の後に留め置き、以て当時の状を後世に知らしむべきこと、緊要の事務にあらずや。目今のごときは、緊要の証書たりとも、これを各寮各司の書匣《しょこう》中に堆埋し、これを失うもまたこれを顧みず、出納の簿冊にして全州の会計を知るべき根本たる書も、わずかに一小冊子に止るにつき、これを失う時は再びこれを推知するの法なし。……他日開化の進歩大に拡充し、国民より名代人を出して議院に臨ましめ、以て当時の会計を難議せば、その時に当り大蔵卿は何の書冊、何の証書を披《ひら》いてその仕払を探知し国民の問に答えんや。

(『伊藤博文伝』上巻、580頁)

伊藤の出納簿作りへの情熱は、木戸孝允宛て(旧暦八月五日付)の手紙の次の一節により、いっそう明らかになる。

〔造幣寮滞在中に〕、会計に管与すべき簿冊、ほとんど百有余冊、すでに版下まで出来、この節京阪の彫刻師に命じ相整《あいととのえ》させ候処〔今回の中途半端な大蔵省規則の発令により〕、これも屠龍《とりよう》に属し、徒労と相成申すべきかと想像仕り候。

(同前書、587頁)

大蔵省章程の不十分さを批判したこれらの手紙は、今や参議、大蔵大輔、大蔵権大丞《ごんだいじよう》にそれぞれ昇任した、大隈重信、井上馨、渋沢栄一の三名と、彼らが担《かつ》ぐ木戸孝允に宛てたものであった。

批判の内容から言って、この四名にくらべても、米国から帰国した伊藤の大蔵省論は、群を抜いていた。しかし他方では、伊藤は、この四人ならば自分の主張が理解できると信じていた。明治四年(一八七一)旧暦七月の廃藩置県で、中央政府が全国の歳出入を一手に収めた前後には、今日のそれとくらべても遜色のない大蔵官僚がすでに誕生していたのである。

2 大蔵省と他省の対立

出納簿の整備とともに伊藤が重視したのは、監督司と計算司の設置であった。前者は大蔵省内の適法性の監督、後者は他省の予算執行の監視を職務とするものである。先に記した記録司をこれに加えれば、伊藤のめざす大蔵省章程は歳出の厳格化であり、それがもたらすものは、殖産興業とは対立しがちな健全財政であったことは想像に難くない。殖産興業と放慢財政とは同じことではないし、大蔵省の支出厳格化と緊縮財政も同義語ではないとしても、両者はある程度の相関を持っていたのである。

しかし、廃藩置県によって中央に集中された全国の年貢を狙っていたのは、大蔵省だけではない。陸海軍も文部省も司法省も、旧幕府時代の約四倍になった租税収入を、それぞれの大計画に投入しようと満を持していた。

明治日本の近代化、欧米化は、岩倉使節団の一年余にわたる欧米視察とよく関連させられる。廃藩置県のわずか三カ月後の明治四年（一八七一）十一月に、王政復古の立役者の岩倉具視（右大臣）、木戸孝允（参議）、大久保利通（大蔵卿）、伊藤博文（工部大輔）以下総勢四八人の政府関係者が欧米視察に派遣されたのである。

しかし、同じくよく知られているように、日本の近代教育のもとをうち立てた「学制」は、明治五年（一八七二）旧暦八月に公布され、近代的軍隊のもとになった徴兵令は同年十一月に発布されている。いずれも、岩倉使節団が欧州で視察を行なっている間に断行されたものである。全国の年貢が中央政府に集中されたことが、このような近代化政策への各省の意欲を増大させたのである。

ちなみに司法省も、明治五年旧暦四月に肥前（佐賀）の江藤新平を卿に迎えて以後、「行政」（大蔵省）と、未成立の「立法」（「身分制議会」）に対する「司法」の重要性を強調して、司法制度の近代化に情熱を燃やしていた。明治六年（一八七三）三月に岩倉使節団全体よりやや早目に帰国した佐々木高行司法大輔に対し、江藤は、「一昨年来は非常に司法省も進歩せり。百事非常に出づる勢にて、……欧米各国も吾れ今日の如く速《すみやか》に進歩することは恐れ見るならん。君の見るところ如何」と胸を張っている（『佐々木高行日記』第五巻、380頁）。

先に見た大蔵省改革による健全な中央財政の確立をめざしていた伊藤博文と、司法制度改革の進捗に胸を張っている江藤新平を対比した場合、留守政府の開化ラッシュともいうべきものに、留守政府の大蔵省は何をしていたのかが気になる。伊藤本人は、岩倉使節団唯一の欧米通として渡欧してしまったからである。

伊藤の留守中の大蔵省を担ったのは、伊藤があれほどに期待していた大隈重信ではなく、伊藤が同輩視していた井上馨大蔵大輔と、おそらくは伊藤の眼中にもなかった渋沢栄一大蔵大丞であった。しかし、この両人も、伊藤外遊中の大蔵官僚として、陸軍省、文部省、司法省の近代化改革の前に立ちふさがったのである。

廃藩置県に際しての三藩献兵（第四章参照）でにわかに参議になった西郷隆盛と板垣退助の、いわば戊辰戦争の英雄参議が、三省と大蔵省の対立の意味がわからなかったのは不思議ではない。しかし、伊藤からあれほどまでに期待されていた大隈は、参議に昇進すると、一転して大蔵省を攻撃する側にまわった。井上馨とともに留守政府の大蔵省を担った渋沢栄一は、当時の事情を次のように回想している。

当時の大蔵省は今日〔昭和初年〕の大蔵・内務・農商務の三省を合せたる程の政務を司掌し、天下井上の支配に帰したるがごとくに解せられたる際、〔井上〕侯の性質右の如く、著々所信を実行するの勢なりしかば、権力上の嫉みも加わりたるものならん、井上攻撃中々盛んなるを致せり。……西郷・板垣・大隈のごとき当時の参議側には、排井上熱昂まり、せっかく貯え得たる正貨（金・銀貨）をめがけて、これを消費せんとするの計画を為すに至れり。しかれども侯〔井上〕は入を計りて出を為すを以て財政上の原則となすこと余〔渋沢〕と同論なりしかば、参議側の計画に屈するものにあらず。しかるに参議側は侯の意見を快しとせず、ことに大隈伯のごとき、初め侯を援《たす》け参議側との間に疏通を図り来たりたるに、中途にして参議側と同論に傾きたれば、もはや井上侯もついに堪え難く、辞職決行となりたるなり。

（『世外井上公伝』第一巻、524-525頁）

当時の政府機構は、太政大臣以下の三大臣と参議が正院（内閣）を構成し、その下に大蔵省以下の各省が置かれていた。その各省の中で、大蔵省と司法・文部・陸軍の三省とが予算をめぐって対立を深め、正院も三省の側について大蔵省を非難していたのである。

大蔵省と三省の対立を明治六年度（一八七三年度）予算について具体的に示せば、陸軍省は一〇〇〇万円要求して八〇〇万円、文部省は二〇〇〇万円の要求に一三〇万円、司法省は二〇〇万円の要求にわずか四五万円を、大蔵省に認められただけである。陸軍省は二〇パーセント、文部省は三五パーセント、司法省にいたっては七七パーセントの削減である。

先に少し触れたように、陸軍、文部、司法三省の予算要求は、すべて「文明開化」の趣旨に合ったものであった。徴兵令に関する太政官告諭（明治四年十一月）は、「士は従前の士に非ず、民は従前の民にあらず、均しく皇国一般の民」であると「四民平等」をうたっていた。

文部省の「学制」（明治五年八月）も、「一般の人民必ず邑《むら》に不学の戸なく、家に不学の人なからしめん事を期」すものであった。国民皆兵と国民皆教育が掲げられたのである。司法省の地方裁判所の設立も、全国民が身近な所で裁判を受けられることをめざした点で、法の平等をめざしたものと言えよう。

これと対抗した大蔵省の立場も、すでに伊藤博文について触れたように、廃藩置県の後を受けて近代的な中央財政を確立しようとするもので、ある意味では「文明開化」の最重要課題であった。井上馨がいうように、大蔵省は、「廃藩巳《い》前は生らの類駆歩《かけあし》と云うよう世人より誹謗を受」けていたのである（明治五年六月）。

本書第一章で描いた元治元、二年（一八六四・六五年）は、「尊王攘夷」から「対等開国」への転換点であった。そこでは、「公議会」と「殖産興業」と「富国強兵」が、混然一体となって「対等開国」に組み込まれていた。それからわずか七年後の廃藩置県のとき（一八七一年）の明治政府は、「対等開国」の内容をめぐって激しい内部対立を展開しはじめていたのである。

3　健全財政論の敗北

西郷や板垣などの参議や、江藤新平を中心とする司法省や文部省だけの能力では、大蔵省を攻撃することはできても、それにとって代わることはできない。さりとて、いくら経済に強くても、薩摩、長州、土佐のような権力基盤を持たない肥前の大隈参議には、長州の井上馨を大蔵省から追い出した後を牛耳る力はなかった。しかし大隈にとって幸いなことに、旧薩摩藩の倒幕派で、欧米の経済事情に詳しい大阪の実業家五代友厚が、このころ大隈に接近してきた。

大隈と井上が正面衝突しかけていた明治六年（一八七三）四月に、五代は次のように大隈をけしかける手紙を送っている。

今般大蔵大輔〔井上馨〕、諸地方官呼集め、地方官変正の大会議を催し候よし。ついては、必ず司法の権再び奪い返し候策略《しき》頻りにこれあり候趣《むね》き、京阪地方官、頻りに清盛〔井上馨の仇名〕を主張いたし候趣きなり。……清盛を参議に成し申さず候わでは政府人なしなど申す説、頻りに唱え居り候趣き、皆な清盛より云わしむるなるべし。……あまり閣下〔大隈重信〕ご堪忍に過ごし候わん、陰ながら慨歎まかりあり申候。……申上げ候までも御座〔無〕く候えども、もはや断然ご論決ご座候よう、渇望奉り候。

（『五代友厚伝記資料』第一巻、176頁。なお、同書の「明治五年」の推定は誤り。）

先の渋沢栄一の回想にもあったとおり、当時の大蔵省は内務省の前身の民部省も吸収していたから、全国知事会（「地方官会同」）も同省の管轄下にあった。また「司法の権再び奪い返し候策略」は、江藤新平司法卿が地方裁判所の管轄を知事から司法省に移管したのを、また知事の、それゆえに大蔵省の手に取りもどそうとする計画を指す。当時の大蔵省権限の大きさを端的に示す史料であり、井上大蔵省と江藤司法省の対立の背景を示す史料でもある。わずか十数行の手紙がこれほど重要な諸事実を教えてくれることもあるのである。

しかし、今の筆者にとっては、明治六年四月の段階で、大隈重信と五代友厚が手を握って井上馨の追い落としを計っていたことのほうが重要である。これ以後、明治十一年の大久保利通内務卿の暗殺を間に挟んで、大久保、黒田清隆（開拓使長官）、五代の三人の薩摩政治家が、大隈財政と呼ばれる積極財政を明治十三年（一八八〇）まで支えるからである。

長州の井上馨の大蔵省追放は、緊縮財政から積極財政への転換点を示すものであった。言うまでもなく、ここで「積極」とか「緊縮」とか言うのは、価値判断を含んだものではない。後者を良く言う時には「健全財政」という言葉が、反対に前者を悪く言う時には「放慢財政」という言葉が使われる。しかし、どちらの財政路線が正しいのかは、時と立場によって異なる。日本近代史上で評判のいいのは一八八二年に始まる松方デフレであるが、その当時の農村地主の立場に立てば、これほど過酷な財政はまずなかったであろう。

いずれにせよ、明治六年（一八七三）五月の井上と渋沢の大蔵省退任は、「緊縮＝健全財政」の敗北を意味するものであった。両者は辞職に当たって政府に提出した建議書を二、三の国内新聞と横浜の英字新聞に発表した。廃藩置県後の中央官省の「開化ラッシュ」と政府財政の危機的状況が、国内外に知れわたってしまったのである。

政府財政の危機は、次のように具体的数字を挙げて説明されている。

今全国歳入の総額を概算すれば、四千万円を得るに過ぎずして、あらかじめ本年の経費を推計するに、一変故なからしむるも、なお五千万円に及ぶべし。しからばすなわち、一歳の出入を比較して、すでに壱千万円の不足を生ず。これに加うるに、維新以来国用の急なるを以て毎歳負うところの用途も、またまさに壱千万円に超えんとす。その他官省旧藩の楮幣《ちょへい》（紙幣）および中外の負債を挙ぐるに、ほとんど壱億弐千万円の巨額に近かからんとす。故にこれを通算すれば、政府現今の負債、実に壱億四千万円にして償却の道いまだ立たざるものとなす。

（『世外井上公伝』第一巻、557頁）

公表したのが大蔵省の実権者で、しかも財政危機の実態が具体的な数字で示されたのである。井上の意図が財政危機への警鐘を鳴らすことにあったとしても、これでは日本の財政について の内外の不信を増大させ、結果としては財政危機をいっそう深化させたことは疑いない。公務上知り得た諸事実を新聞紙に掲載した廉《かど》で、司法省臨時裁判所が井上に罰金三円を課したのは、むしろ量刑不足に思える。

しかし歴史研究者にとっては、この井上、渋沢の〝蕃行〟は、貴重な史料源である。

第一に、一億二〇〇〇万円の国債負担と毎年一〇〇〇万円の歳入不足が明治六年（一八七三）段階に存在したとしたら、大久保利通内務卿の偉業として有名な「殖産興業」が破綻することは、目に見えていた。しかも、井上、渋沢辞職後の大久保の内務省と大隈の大蔵省は、翌明治七年（一八七四）の台湾出兵と四年後の大内乱（西南戦争）とによって、さらなる臨時費を必要とした。松方正義の名で有名な一八八〇年代の超緊縮財政は、必然中の必然だったように思われる。

第二に、一見このことと矛盾するかも知れないが、両人の建議書は、明治六年段階の大蔵省が緊縮財政を採るのは、政治的にも社会的にも不可能だったことを示唆している。同建議書に描かれている〃文明開化ラッシュ〃は、それほどにすさまじいものだったのである。一例を挙げておこう。

いやしくも政理上のみを主とせんか、人々愛国の情を存すれば、誰かあえて文明の政治、欧米諸国のごとくなるを企望せざるものあらんや。これを以て、現今在官の士、足いまだその地を踏まず、目いまだその事を見ず、わずかにこれを訳書に窺い、これを写真に閲するも、また且つ奮然興起してこれ〔欧米諸国〕と相抗せんとす。いわんや比〔毎〕年海外に客遊する者においてをや。その帰るにおよんでは、あるいは英を以て優れりとし、あるいは仏を以て勝れたりとし、蘭や米や孛《ぼっ》や澳《おう》や、皆なその長ずる所を以て我に比較し、街衢《がいく》〔市街〕、貨幣、開拓、交易に論なく、兵に学に議〔言論〕に律に、蒸気・電信に衣服・器械に、およそ以て我が文明を資《たす》くべきもの、繊毫遺さず、細大漏らさず、以て我が具備を求めざるなきに至らん。

（『世外井上公伝』第一巻、552頁）

幕末史を文久、元治、慶応と記していると、文久三年はこの建議書が書かれた明治六年のはるか昔に感じられるかも知れない。しかし、佐久間象山がドイツ刊の世界地図から世界の鉄道の普及の度合いを量っていた文久三年は一八六三年で、井上らのこの建議書が書かれた明治六年は一八七三年である。眼光紙背に徹して想像していた欧米文明の結晶を、わずか十年後には、各国からの日本人帰朝者が政府に即時導入を求めているのである。また、文久三年の翌年＝元治元年には、この建議書を書いている井上自身が、英・米・仏・蘭の四国艦隊と長州藩尊王攘夷派の停戦を求めておろおろしていた。その時は西暦で一八六四年で、この建議書からわずか九年前のことにすぎなかった。

4 緊縮財政と地方官

先に引用した五代友厚の井上馨攻撃の中に、井上が地方官会同を召集し、全国の知事の支持を受けている、という記述があった。筆者がこれまでの著作で明らかにしてきたように、井上馨は藩閥政府の中では、もっとも立憲政治に理解を示してきた人物である。明治八年(一八七五)四月の、漸次に立憲制に移行するという天皇の詔勅は、井上の功績によるところ大であった。

また、福沢諭吉と交詢社が自由民権運動の一翼を担うきっかけとなった明治十四年(一八八一)一月の「熱海会議」の仕掛人も、井上馨であった。さらに、明治二十二年(一八八九)二月の明治憲法発布に際しては、政党内閣否認を宣言した藩閥政府に農商務大臣として所属しながら、みずから「自治党」という政党の結成を試みた。

その井上馨が、明治六年(一八七三)四月に全国県知事会議を召集して、大蔵大輔としてみずからこの会議の議長を務めたのである。大蔵大輔として全国の財権を握り、参議や他省長官（卿）からその専制を攻撃されていたときに、井上の立憲政治家としての経歴も始まっていたのである。

しかし、立憲政治家井上馨にとっては「始点」であった明治六年（一八七三）の「地方官会同」は、第一、第二章で検討してきた「身分制議会」構想の延長線上にも位置づけられる。たしかに廃藩置県後の知事は、もはやかつての藩主と違って新政府によって任命され、大蔵卿（後には内務卿）の管轄下に置かれた一介の官僚にすぎない。官職はあっても身分はないのであるから、彼らの全国会議を「身分制議会」と呼ぶのは正確ではない。

しかし他方で、彼らの支配地は旧藩主のそれと大差はなく、しかも「士族」も「平民」も彼らを選挙する権限はまったく持っていなかった。日本近代史研究者の間では、擬似的立憲制という評価しか与えられてこなかった明治二十二年（一八八九）成立の明治憲法体制ですら、約五〇万人の士族と平民は衆議院議員を選挙できた。

それにくらべれば、政府に任命された全国の知事を集めた「地方官会同」は、一八九〇年召集の第一回帝国議会よりは、一八六三年に大久保忠寛により「大公議会」として提唱され、一八六七年の大政奉還で「上院」と位置づけられた「大名会議」のほうにはるかに近かった。

明治六年（一八七三）五月の井上の辞職は、緊縮財政論とともに地方官会議のほうも挫折させた。会議は召集されただけで、何の結論もなく解散されたのである。

以上に検討してきた井上大輔時代の大蔵省の突出と、それに対する参議や各省の不満の中には、幕末開国論のうちの「富国」も「強兵」も含まれてはいなかった。明治四年の廃藩置県により突然生じた「開化ラッシュ」と、同じく全国統一により突然強いられた中央財政の確立とが、そこでの争点であった。

しかし、当時の明治政府は、もう一つの問題にも直面していた。一方では廃藩置県のために薩摩、長州、土佐から動員した六〇〇〇人強の御親兵があり、他方では陸軍省がめざす国民皆兵（徴兵制度）がある中で、いかに「強兵」を実現するかという問題がそれである。章を改めて検討しよう。

（毎日新聞社提供）

第四章
三つの「官軍」と「征韓論」

西郷隆盛　（1827-1877）

薩摩藩下級士族の家に生まれたが、藩主島津斉彬に従い江戸に出て国事に奔走した。大総督府参謀として武力討幕を指導し、陸軍元帥兼近衛都督・陸軍大将となったが、明治６年の征韓論に敗れて下野する。同10年、西南戦争を起こしたが、城山で自刃。

1 「御親兵」と鎮台兵

よく知られているように、明治四年（一八七一）旧暦七月十四日の廃藩置県は、同年二月に薩摩、長州、土佐三藩から献兵された「御親兵」の武力を背景に断行されたものである。普通「一万人」と言われ、『明治天皇紀』には「其の兵員約八千人」（第二巻、411頁）と記されている。

しかし同書には、薩摩藩より歩兵四大隊、砲兵四隊、長州藩より歩兵三大隊、土佐藩より歩兵二大隊（実施時には一大隊）、騎兵二小隊、砲兵二隊を献兵したとも記されている。砲兵隊や騎兵隊の兵員数は歩兵隊の十分の一以下だから、まず歩兵隊だけを数えると八大隊である。当時、各藩の常備兵は、歩兵の場合には、一小隊六〇人↓一大隊六〇〇人であったから、これで単純計算すると御親兵の歩兵は、九大隊＝五四〇〇人となる。一万人はもとより、『明治天皇紀』の八〇〇〇人にもはるかに及ばない。

そもそも薩・長・土三藩の歩兵一大隊が何人構成なのかを明記しないで、総数と隊数を並記して終わりとは、やや乱暴な感じがする。思案にくれているとき、ごく最近発表された大島明子氏の「御親兵の解隊と征韓論政変」という論文を思い出した（犬塚孝明編『明治国家の政策と思想』所収、二〇〇五年）。

わずか二十六頁の小論ながら、この論文はこれまでの明治政治史の再考を迫る三つの重要な指摘を行なっている。その第一は、西郷隆盛らは「征韓」より「征台」を本命としていたという指摘であり、筆者も十年以上前から同様の立場に立ってきた（『近代日本の国家構想』、一九九六年）。

第二は、御親兵が近衛兵に再編されていく明治四・五年の経緯を、もう一つの「官軍」である東京、大阪、仙台、熊本の四鎮台の充実過程と比較するという視点である。いわば第一官軍と第二官軍の競合、対立という視角を、明治初期政治史に持ち込んだのである。

すでに本書第二章で記した明治元年の戊辰戦争を想起すれば、鳥羽・伏見の戦で戦功を挙げた薩・長二藩の藩兵と、やや遅蒔きながら江戸城進撃の際に甲府で幕軍を破った土佐藩兵とが、第一官軍たる御親兵を構成したのである。第二官軍たる四鎮台兵は、江戸無血開城以後の東北戦争で政府側に付いた諸藩兵で、なかでも明治十年の西南戦争で薩摩軍の猛攻を受けた熊本鎮台兵が有名である。

大島氏の功績の第三点は、明治四年三月から五月にかけて藩・長・土三藩兵によって東京に設立された「御親兵」の正確な数を、歩兵五六四九名、砲兵五三九名、騎兵八七名、合計六二七五名、と特定したことである。普通、御親兵一万名といわれるものの実態は、砲兵隊、騎兵隊も合わせて、六二七五名に過ぎなかったのである。

防衛庁防衛研究所図書館まで行って調べた数字であるから、まず間違いないであろう。先に筆者が歩兵数四八〇〇人と推測したのは一小隊六〇名の計算であるが、一小隊六四名だった可能性が高い。近代の銃隊では最小単位は二人一組のロットであるから、一分隊は一五名でなく一六名でなければならないという意見が強かったからである。よく戦争映画や刑事物で、二人が背中合わせに銃を構えている図がロットである。これによって、御親兵歩兵九大隊を推計すれば五七六〇名で、大島氏の言う五六四九名とほぼ一致する。

政府は廃藩置県直後（八月二十日）に全国に四鎮台を置き、各藩の第二官軍を吸収した。東京鎮台七三二〇名、大阪鎮台四八〇〇名、鎮西鎮台（熊本）二〇四〇名、東北鎮台（仙台）八四〇名（以上歩兵数のみ）、合計一万四九八〇名が政府軍として再編されたのである（『明治天皇紀』第二巻、529頁。ただし、ここでは一小隊六〇名、一大隊六〇〇名で換算してある）。

「官軍」を政府軍と言いかえれば、もう一つの大改革は、言うまでもなく明治六年（一八七三）一月十日の徴兵令の発布である。これにより三年間で三万二〇〇〇人弱の農民兵が徴集され、新たに名古屋と広島に鎮台が設立された。徴兵による各鎮台の常備兵数は、次のとおりである。

東京鎮台　　七一四〇人（一年に二三八〇人徴集）
仙台鎮台　　四四六〇人（一年に一四八六人徴集）
名古屋鎮台　四二六〇人（一年に一四二〇人徴集）
大阪鎮台　　六七〇〇人（一年に二二三四人徴集）
広島鎮台　　四三四〇人（一年に一四四六人徴集）
熊本鎮台　　四七八〇人（一年に一五九四人徴集）

（以上、松下芳男『徴兵令制定史』、158－162頁）

一見してわかるように、各鎮台の兵数は三年後に達成される計画である。

問題は、明治六年に計画された、主として農民から徴兵された兵士と、明治四年八月に四鎮台に再編された旧藩の常備兵との関係にある。

たとえば熊本鎮台には、明治四年の再編によって二〇四〇名の士族兵がいた。これに、明治六年から三年かけて徴集予定の四七八〇人の農民兵を加えれば、単純計算では合計六八二〇名の鎮台兵がいたことになる。この六八二〇名は砲兵、工兵などを含むから、歩兵だけ勘定するとしても約五八〇〇名になる（松下前掲書、163頁にもとづき計算）。

しかるに、徴兵令施行のまる三年後に起こった西南戦争（明治十年二月勃発）時の熊本鎮台兵は、「城兵およそ二千四百名程」と報じられている（明治十年二月二十五日付、権小検事志方之勝の熊本着城時の報告）。熊本鎮台には分営もあり、鎮台兵のすべてが熊本城にいたわけではないとしても、兵数が違いすぎる。

しかし、今や帰る藩もなくなってしまった四鎮台の士族兵約一万五〇〇〇名の全員が、徴兵による農民兵にとって代わられて浪人になったという話も聞いたことはない。おそらくは、ここに挙げた明治四年の士族兵数も明治六年の農民兵数も、ともに予定数であって、実際に六鎮台に集まった士族兵や農民兵は、予定よりはるかに少なかったものと思われる。

それはともかく、徴兵令の施行により六つの鎮台に集められた農民兵を第三官軍と呼べば、明治六年（一八七三）の明治政府には三種類の「官軍」があったことになる。第一の官軍は御親兵から近衛兵に再編された約六三〇〇人であり、第二の官軍は、戊辰戦争の中途から朝廷側に馳せ参じた約一万五〇〇〇人の旧藩兵であり、第三の官軍は明治六年の徴兵令施行により集められようとしていた農民兵約三万人である。

この三種の「官軍」五万三〇〇〇人が各々の役割に満足して協力し合えば、陸軍に関する限り、「富国強兵」のうちの「強兵」は一応実現することになる。そして「強兵」の基礎が確立すれば、明治新政権は他の二つの課題、すなわち「富国」と「公議輿論」の実現に安心して進むことができる。しかし事実は、そうはいかなかった。

2 近衛兵の外征論

三つの「官軍」のうち、明治六年の征韓論争、翌七年の台湾出兵と続く東アジア侵略論に無関心だったのは第三官軍たる徴募兵（徴兵兵は変なので、当時の言い方を使う）で、関心の高かったのは第一官軍たる近衛兵であった。当たり前の話に聞こえるかも知れないが、これはそれぞれの設置目的からすれば正反対の事態であった。

御親兵や四鎮台兵の設置につづく明治四年（一八七一）十二月、兵部大輔（次官）山県有朋、同少輔《しょうゆう》川村純義、同西郷従道《つぐみち》の三人は、徴兵制の導入を求める意見書を正院に提出した。この有名な意見書の中で特に注目すべきことは、国民皆兵をめざす目的が、国内ではなく、国外にあった点である。御親兵が皇居を守り、四鎮台が国内の反乱に備えるのに対し、新たに設けられる徴募兵は外敵に備えるのが目的だというのである。
戊辰戦争が終わってわずか三年という当時にあって、最強の軍隊は御親兵に組織された薩・長・土三藩の兵であり、それに次ぐのは三藩以外の旧藩兵を組織した四鎮台兵であった。それを皇居守護と国内治安に当てて、主としてロシアを仮想敵とした外戦用の軍隊を、主に農民から徴兵される徴募兵で組織しようというのである。当時の士族と農民のどちらにとっても意外の三軍の位置づけだったに違いないので、関連箇所を引用しておこう。

試みに天下現今の兵備を論ぜんに、いわゆる親兵は、その実聖体を保護し禁闕《きんけつ》〔皇居〕を守護するに過ぎず、四管鎮台の兵総べて二十余大隊〔約一万五〇〇〇人〕、これ内国を鎮圧するの具にして、外に備うるゆえんにあらず。海軍の如きは数隻の戦艦もいまだ尽《ことごと》く完備に至らず。これまた果して外に備うるに足らんや。……今、皇国その制を定め、全国の男子、生れて二十歳に至り、身体強壮、家に故障無く、兵役に充てしむべき者は、士庶を論ぜずこれを隊伍に編束し、期年を経、更番して家に帰るを許すべし。

（大山梓編『山県有朋意見書』、44頁）

やや余談ながら、国民皆兵を唱えるこの陸海軍中枢部の意見書が、仮想敵をロシアに、模範国をドイツに求めていることも興味深い。「西は満州の境を越え、黒龍江に上下せん」とするロシアが、一八七一年の段階ですでに日本陸軍の最大脅威として捉えられていたのである（同前書、46頁）。また、国民皆兵の模範国がドイツであった理由が、わずか一年半前の普仏戦争におけるドイツの勝利にあったことも、明治の指導者の視野の広さを示すものであった。

話をもとに戻そう。筆者の言う「三つの官軍」の中で、ロシアや中国との一戦を求めていたのは、ここで「禁闕を守護するに過ぎず」と位置付けられていた「御親兵」であり、中でも当時の日本陸軍の最強部隊であった薩摩軍団であった。しかも「征韓論」者として知られる彼らは、決して朝鮮との一戦だけに目標を限っていたわけではなかった。

明治六年十月の征韓論をめぐる明治政府の大分裂を論じる際に、必ずと言っていいほどたびたび引用されてきた、西郷隆盛（参議、近衛都督）の手紙がある。同年八月三日付の板垣退助（参議）宛ての手紙である。その中には次のような一節がある。

近年副島氏〔種臣、外務卿〕帰朝相成り、〔中国との〕談判の次第細大御分り相成り候由し、ついては台湾の一条も速に御処分相定めたき事柄と、存じ奉り候。世上にても紛紜《ふんうん》〔様々〕の議論これあり、私にも数人の論を受け候次第に御座候ところ、畢竟《ひつきよう》名分条理を正し候義、討幕の根元、御一新の基に候処、只今〔に〕至り右等の筋を相い正されず候わでは、全く物好きの討幕に相当り申すべきなどとの説を以て責めかかり参り候者もこれあり、閉口の外、他なき仕合に御座候。　（『自由党史』、以下岩波文庫版による。上巻、65頁）

筆者が十数年前から主張しているように（『日本歴史大系』第四巻）、薩摩軍団の中心人物桐野利秋（熊本鎮台司令長官）は、征韓ではなく征台を最重視していた。この点では、明治六年（一八七三）四月に桐野の後任として熊本鎮台の司令長官となった谷干城（陸軍少将）の回想が重要なので、やや長文の引用を許してもらいたい。

余は明治六年五月、桐野氏と交替し熊本に赴任す。大阪より十九大隊を連れ行き、此を模範として在来の二大隊を精選して一大隊とし、仏国式に編制す。ようやく緒に就きたれば鹿児島営所を巡視し、……熊本に帰り、……土佐を経て上京の筈にて、ようやく土佐に帰りわずかに二日、東京廟議《びょうぎ》の様子〔十月の征韓論争〕を聞き、直ちに大阪に出づ。電報を以て直ちに帰台物情を鎮ずべき命あり。ついに伏見より引返し帰台す。当時郵便交通は頗る不便、電報も小倉、佐賀、長崎のみにて、いまだ熊本へは通ぜず。諸参議征韓論の合わざる、辞表を奉じ、薩、土の兵、ほとんど瓦解を聞くも、その原因更らに明らかならず。

これより〔先き〕台湾蕃人、琉球人四十余人を殺し、小田県の漂流民を奪掠せし訴あり。

桐野氏熊本在職中、鹿児島分営長樺山〔資紀〕氏を台湾に遣《つか》わし探偵せしめ、兵を挙げこれを討するの意あり。……樺山氏探偵報告書も来れり。早晩彼方に事あるは、余等の予期せし処なり。しかれども、内閣の破裂が征韓より起こりしは、実に思寄らざるなり。桐野氏が帰京〔明治六年四月〕後、熊本鎮台十一大隊長池田応助氏に寄せたる書簡に、遠からず台湾に事あるべきを報じ、その時は自己も必ず西下する事を述べたり。しかして、曾《か》って朝鮮問罪の事は寸分も述べず。されば朝鮮問罪の事は、けだし、にわかに起りし事と察せらる。……〔十二月二十五日に上京し〕征韓論の破裂より、薩、土の兵の瓦解の顛末を西郷大輔〔従道、陸軍次官、隆盛の実弟〕より聞く。薩兵の瓦解は頗る兇暴にて、ただ、西郷どん帰るから己《お》らも帰る、帰ると云う実に簡単なる事にて、営中はただ乱暴狼藉の有様なりと云う。

（『谷干城遺稿』上巻、421－423頁）

一読してもらえば、なぜあえて長文の引用をしたのかは、わかってもらえるであろう。谷と桐野は明治六年四月に、陸軍裁判所長官と熊本鎮台司令長官を交換するような形で新任務についており、桐野に関する谷の情報の信頼度はかなり高い。そして桐野は、戊辰戦争から西南戦争までの十年間、西郷隆盛の片腕的存在でありつづけた。その桐野が台湾出兵論者であることは谷も知っていたが、征韓論者であったとはとても信じられなかった、と谷は回想しているのである。

同じようなことは、西郷隆盛が近衛都督を辞して鹿児島に引き揚げたときに、それに従った薩摩出身の近衛兵についても言える。彼らの行動が、「西郷どん帰るから、己らも帰る」という単純な動機にもとづくものだった可能性はかなり高い。谷がこの話を聞いたのは、西郷隆盛の実弟で陸軍次官の従道からであり、谷自身も熊本に帰って鎮台の動揺を抑えなければならない立場にあった。西郷従道が、わざと馬鹿げた話をつくりあげて話したとは思えないのである。

少なくとも、政府による「征韓論」の否決が、彼らの帰県の唯一の理由ではなかったことは確かである。事実、翌明治七年五月の台湾への出兵に際しては、帰県した旧近衛兵を含めた約三〇〇名の薩摩人が志願兵として参加している。御親兵の中核をなした薩摩の戊辰軍団は、「征韓論」よりも「征台論」の方を重視していたのである。この二つの「外征論」の違いは、改めて検討する。

3 徴募兵と士族

すでに記したように、明治四年に兵部省が徴兵制の導入を唱えたとき、その目的は対外戦争に備えることにあった。しかし、実際に対外戦争に熱心だったのは、すでに記したように、本来は皇居守護を割り当てられていた御親兵（近衛兵）のほうであった。反対に、徴兵令で動員される農民などは、外国との戦争に駆り出されることをもっとも嫌っていた。「血税一揆」の名で知られる、明治六年三月から七月にかけての徴兵令反対一揆の一因はここにあった。

一揆は主として京都以西の九県で起こり、規模も一〇〇〇人から一万人にわたる大規模なものので、第二官軍たる四鎮台からの出兵が間に合わない県では、警察力の他に旧藩士族も鎮圧に動員された。士族の特権を奪った国民皆兵に肝心の平民が一揆を起こし、その鎮圧に士族が当たるというのは相当に皮肉な図であるが、筆者が特に注目してきたのは、六年六月二十八日の愛媛県告諭の次の一節である。

選《えら》みに中《あた》り入隊せば外国へ寄送せられ、あるいは朝鮮台湾征伐これある為めなりと心得る者あり。これ徴兵は全く非常の予備兵にして、今日鎮台分営の兵隊に異ならざるを知らざればなり。（土屋喬雄ほか編『明治初年農民騒擾録』、501頁）

この愛媛県告諭は、先に紹介した明治四年の兵部省建議（二九頁参照）と正反対の内容である。兵部省建議では、御親兵が皇居を、鎮台兵が国内を守るのに対し、徴募兵は「外に備うる」ためのものであった。

建議の中で「予備兵」と呼ばれているのは二年間の現役を終わった者で、それが動員されるのは、外国との戦端が開かれた場合である。それゆえに一揆側が、「入隊せば外国へ寄送せられ」ると理解したのは正解であって、鎮台に入営して国内の任務に当るだけだという愛媛県側の告諭の方が間違っている。

そもそも鎮台兵が対外戦争に出陣しないのならば、明治日本で戦争に従事する軍隊はいなくなる。小さな戦端は旧藩兵よりなる鎮台兵（第二官軍）と徴兵により鎮台に入営中の徴募兵とが当たり、戦争が本格化した場合には、徴兵を終え郷里に帰っている予備、後備の徴募兵が動員されるのである。

もう一つ注目すべきことは、明治六年六月末の時点で、農民側がすでに「朝鮮台湾征伐」に駆り出されることを恐れていたという点である。六年六月と言えば、外務省内で征韓が論じられようとしていただけで、いまだ政府上層の方針とはなっていなかった。自分の身に被害が及ぶ心配のある場合には、国民の勘は時に政府決定の先を越すのであろうか。

四鎮台の兵士は旧藩兵で、徴兵制度が定着すれば、次第に農民兵にとって替わられる立場にあった。また、鎮台兵の不足を補うために県ごとに臨時に召集された士族は、すでに兵士としての常職を奪われたものたちであった。徴兵制度は彼らの兵士としての特権を奪って、それを農民を主とする平民に与えようとするものだったのである。

それを平民の方が嫌い、なかでも対外戦争に駆り出されることを特に心配しているのを見て、旧藩兵の士族たちが自信を回復した。彼らは日本の国防という重大任務を、戦争を恐れる農民兵に委せられるか、と声高に叫びはじめたのである。明治七年の台湾出兵で、日中関係が緊迫した時の高知県士族の左院宛ての建白書には、彼らの気持がよくあらわれている。

兵農一致の趣旨に至りては、皇国、欧州の政治を取捨し、その善をあつめ大成するものといえども、畢竟《ひっきょう》皇国の人民を以て概言すれば、華士二族を除くの外、気節を尚《たっと》び廉恥を知るもの少なし。文盲不学、愛国の何たるを知らず、卒然募集に当る者を見るに、怨懼共に至り、親戚為めに哀み、たちまち子弟を失うの歎をなす。その募集に赴かんとし家を出づるに臨み、親子兄弟手を携えて涕泣す。如何ぞ不急の用に充るに足らん、如何ぞ昔時の藩兵の如く、一命を風塵に比し、尸《しかばね》を馬革に包まんとするの徒と並論することを得んや。……臣等杞憂を存する所以《ゆえん》は、兵弱にして気振わざるにあり。

（『明治建白書集成』第三巻、581頁）

なおこの建白書は、徴募兵の「兵弱」を懸念する理由として、朝鮮やそれ以上の強敵との対戦をあげている。

徴兵による平民軍よりは旧藩兵の方がはるかに強力であるとするこの建白書は、筆者のいう「第二官軍」の「第三官軍」に対する優越感の表出ということができよう。明治維新の目標の一つであった「強兵」をめぐって、三つの「官軍」は東アジアにおける日韓、日中関係の緊迫化の中で、複雑な相互関係を展開したのである。

農民兵を除く「官軍」が一つにまとまった最初にして最後の事例は、次に記す明治七年（一八七四）五月の台湾出兵であった。この時には、征韓論分裂で郷里に帰っていた旧近衛兵も志願兵として全面的に協力したのである。

4 「征韓」か「征台」か

約三十年も前に毛利敏彦氏が、西郷隆盛は征韓論者ではなく平和主義者であったと唱えた時、歴史学者の多くは黙殺した。一九七八年刊の『明治六年政変の研究』(有斐閣)と、その翌年の『明治六年政変』(中公新書)とがそれである。

その当時、西郷隆盛や桐野利秋が率いる薩摩軍団の目標は、台湾出兵による日中戦争にあると考えていた筆者は、征韓論に関する限り、毛利氏の主張を基本的に支持した。台湾問題を機に中国と一戦しようとする桐野や、樺太問題でロシアに強硬態度を執れと西郷に迫る開拓使長官(北海道)の黒田清隆を抑えるために、西郷は朝鮮問罪使節となろうとしたのである。武力を背景としながらも、西郷が使節全権となってやろうとしていたことは朝鮮への開国要求であって、それが「征韓論」のように響いたのは、自己の配下の対外強硬論者に対する説得のポーズだったのである(前掲『日本歴史大系』第四巻)。

しかし、明治七年（一八七四）五月の台湾出兵に関しては事情が異なる。すでに記したように、征韓論分裂で近衛兵を辞めて鹿児島に帰県してしまった西郷配下の薩摩軍団は、台湾出兵には全面的に協力したのである。

西郷隆盛の実弟西郷従道を台湾蕃地事務都督、熊本鎮台司令長官谷干城を参軍として、軍艦四隻、熊本鎮台兵を中心に約三〇〇〇名を率いた台湾征討軍に、三年後には田原坂と熊本城とで相対峙する西郷隆盛配下の約三〇〇〇名も軍艦に乗って参加した。筆者のいう「第一官軍」（御親兵）と「第二官軍」（鎮台兵）は、明治七年の台湾出兵までは協力関係にあったのである。反対に、すでに記したように将来の対外戦争に備えて創立されようとしていた「第三官軍」（平民軍）は、対外戦争を忌避する農民から構成されていた。

薩摩の志願兵を加えて、軍艦五隻と陸兵三〇〇〇人が中国領土の台湾を攻撃したことに中国政府は強く反発し、日中関係は同年九月には戦争直前の事態にまで発展した。なかでも薩摩出身の海軍次官の川村純義は、鹿児島から西郷隆盛を呼びもどして、陸海軍の最高指揮官に任命して対中国戦争に備えることを提案していた。明治六年十月の征韓論分裂と同十年二月の西南戦争の勃発を直結させるこれまでの通説とは大きくかけ離れた事実なので、念のため史料を引用しておこう。

〔海陸〕両軍統轄の御人選いかがの御廟議か測るべからず候えども、恐縮を顧みず腹蔵なく申上候時は、その元帥たるや陸軍大将西郷隆盛儀適任なるべくと存候条、清朝破談の報知これあり候わば、速かに勅使を以て浪華《なにわ》へ徴され、恐れながら陛下親しく海陸元帥の特権委任相成り候様……。
(三条家文書、明治七年九月二十四日付、三条実美太政大臣宛て)

当時、大久保利通が、台湾出兵の処理のために北京で中国政府と交渉中であった。しかし海軍次官は、この交渉はまとまらないで、日中戦争になると考えていたのである。しかも、日中が本気で一戦となれば、日本の陸海軍の最高司令官は西郷隆盛以外になく、西郷に元帥就任を受諾させるためには、西郷を大阪まで呼び寄せるとしても、天皇自身も大阪まで下って、直接西郷に会って就任を命じるべきである、というのである。前年十月の征韓論分裂によって、西郷がただちに在野の反政府勢力の中心となったわけではないのである。

また台湾出兵の結果、日中間が戦争寸前に至ったとすれば、台湾出兵は「征韓論」よりもはるかに重大な事件であったはずである。この点について、参議で開拓使長官(北海道)だった薩摩の黒田清隆は、詳細で具体的な対中戦争準備を太政大臣に提言していた。

和戦の議すでに決し大久保大臣の飛報を得ば、直ちに清国政府の非理を彰明にし、大いにその罪を鳴らし、内外一般にこれを宣知し、かつ万国公法に基き交戦条規に照らしその処分を定め、速かに王師を発し、猛攻急撃彼をして防禦の遑《いとま》なからしむべし。これ固《もと》より用兵の秘契なり。（三条家文書、明治七年九月、三条実美太政大臣宛て）

ここで重要なのは、薩摩出身の有力参議が、正式な「宣戦布告」をした対中戦争を決意していた点である。黒田建議の注目すべき第二点は、川村よりもさらに抱括的で現実的な大本営構想を提言しているところにある。

天皇陛下親しく軍務の大本を統御せられ（すなわち大元帥）、速かに親征の詔を下し、全国人民の方向を一に帰せしむるを要す。聖旨を奉戴して軍務を統轄するは元帥の任なり。三条太政大臣を以てこれに任ずべし。
元帥を輔翼《ほよく》し以て全軍を部署し攻撃の方法を画策する、その任最も緊要なり、故に和戦決議の日に至らば速かに勅使を差遣し、西郷陸軍大将および木戸従三位、板垣正四位を召させられ、山県、伊地知〔正治〕両参議、山田〔顕義〕陸軍少将、海軍四等出仕伊集院兼寛等と共にこれに任じ、別に一局（いわゆる参謀局）を開き、もっぱら戦略を謀議せしむべし。（同前史料）

天皇を大元帥、太政大臣を元帥というのは当然としても、西郷、木戸、板垣を勅使をもって召集するというのは戊辰戦争時の再現でもあり、御親兵による廃藩置県の再現でもある。東アジアの大国中国と一戦するとなれば、前年十月の征韓論をめぐる政府内分裂などにこだわっているわけにはいかなかったのである。対外問題としても台湾出兵は征韓論よりは重大であり、その重大問題を前にすれば、征韓論分裂などは水に流せる性格のものだったのである。

最後に、薩摩勢力の中で大久保利通、西郷隆盛に次ぐ地位にあった黒田清隆の対中戦争論が本気のものであったことを示す、もう一つの箇所をあげておこう。

攻戦を始むるの要は、先ず海軍の精鋭を尽し、我の艦隊を以て彼の海軍を撃破し、その要港を襲略し、陸軍衝突の便路を開かしむべし。……今や十隻に充たざるの軍艦を以てこの大挙を為す、必ず予備艦隊を設けざるべからず。国内に現在するところの汽船、諸省使（各省と開拓使）の所轄および人民の私有を併せて百余隻あり。その内に就て最も堅実なるものを選み、五分一（約二十隻）を得べし。（同前史料）

一八六八年の戊辰戦争や一八七一年の廃藩置県における主役は陸軍であった。台湾出兵が日中戦争に発展して初めて、佐久間象山以来の海軍の「強兵」が行なわれるのである。この意味でも、台湾出兵は征韓論を凌駕する明治「強兵」上の大問題だった。

明治六年の「征韓論」も、翌七年の対中開戦も、ともに参議兼内務卿の大久保利通の決断によって回避された。「富国強兵」という幕末以来のスローガンを「富国」と「強兵」に分ければ、「殖産興業」を重視する大久保は横井小楠の流れを継ぐ「富国」論者であった。これまで筆者がたびたび主張してきたように、「富国」と「強兵」とは違うものであり、明治六、七年の東アジアの緊張においては、「富国」派が「強兵」派に勝利したのである。

この点については章を改めて検討するが、「強兵」派の内部対立を分析してきた本章の最後に、もう一つ検討しておきたいことがある。当時としては「征韓論」よりもはるかに重大問題であった「台湾出兵」問題が、なぜその後の日本近代史研究の中で所を換えてしまったのか、という問題である。

西郷隆盛自身は、桐野利秋の台湾出兵・対中戦争論や黒田清隆の樺太出兵・対露一戦論を「征韓論」で抑えたのであるから、後の歴史家に誤解されてもいわば本望であったろう。しかし、台湾出兵・対中開戦論者の桐野利秋としては、明治十年の西南戦争を「征韓論」と結びつけられては成仏しにくいであろう。

西郷や桐野などの鳥羽・伏見の英雄が、韓国を「征伐」するというような〝小外征論〟の代表者にされてしまった理由は何だったのであろうか。考えられるのは、一九〇四・〇五年の日露戦争から一九一〇年の韓国併合にかけて、「征韓」という言葉が肯定的に使われるようになり、維新の英雄にその栄誉が与えられてしまった、ということである。
奇しくも韓国併合の年に刊行された板垣退助監修の『自由党史』は、黒田清隆や桐野利秋の妨害を排して「征韓論」を閣議決定にまでもっていったのは、板垣退助と西郷隆盛であったと胸を張っている。信じられないような話なので、関連箇所だけを引用しておこう。

征韓論は実に西郷、板垣の提起する所にかかわる。……征韓論の勃発せる時に際し、黒田清隆は開拓使に長として北門の鎖鑰《さやく》〔門戸の戸締り〕を司り、桐野利秋は熊本鎮台司令長官として西陲《せいすい》を衛戍《えいじゅ》す。しかして黒田は樺太の我が漁民が露兵の為めに銃殺せられたるを以て国際問題と為さんと欲し、桐野はまた、自家の統轄内にある琉球人が台湾生蕃の為めに虐殺せられたるを以て、これを名として征台の師を興さんと欲し、共に上京して当局者に就いて謀る所あり。しかるに二人は東京に来りて始めて征韓の廟議あるを知り、自家の主張の貫徹せざるを見て、意はなはだ平かならず。黒田のごときは時にあるいは征韓論を沮害《そがい》するが如き言動あり。これを以て板垣は西郷に謂《いい》て曰く、黒田は奸物なりと。西郷これを黒田に語る。黒田大に怒り、一日来って板垣を正院に訪い、その故を詰《なじ》る。（『自由党史』上巻、62頁）

八月の閣議で朝鮮問罪使として西郷の派遣が正式に決定する前には、今度は桐野が板垣に泣きついてきた、と『自由党史』は記す。

薩摩の子弟、また西郷を惜むの余り、その出使を憂い、三条〔実美・太政大臣〕、板垣に迫りてこれを止めんことを請うあり。なかんずく桐野利秋は、土佐の北村重頼〔陸軍中佐〕、山地元治〔陸軍中佐〕と共に板垣を訪い、歎願して曰く、西郷出使せば必ずこれに死すべし。これを留め得るは閣下を措きてその人無きを知る。故に切にこれを閣下に乞うと。（同前書、63頁）

黒田が樺太問題を、桐野が台湾出兵を重視して、いわゆる「征韓論」に否定的だったというのは、すでに記した筆者の解釈と一致する。しかし、ここで重要なのはそのことではない。近代日本における最初の自由主義政党であった自由党の党史ですら、一九一〇年の韓国併合の年には、明治六年（一八七三）の「征韓論」を、自党の創立者が西郷隆盛と二人で実現に努めた重大事件として顕彰しているのである。台湾出兵と「征韓論」のいずれが重大事件であったかは論外の問題とされ、「征韓論」に反対した桐野利秋や黒田清隆は、道を誤った政治家にされてしまっているのである。

一九〇四・〇五年に始まる「征韓論」の再評価の中で、一八七七年の「西南戦争」に敗れた西郷派の再評価も試みられた。『自由党史』刊行の二年前の明治四十一年（一九〇八）に黒龍会が編纂した『西南記伝』はその一つである。

注目すべきことは、この本では、台湾出兵重視だった桐野利秋が、途中からは「征韓論」の急先鋒となったと記されている点である。すなわち、「陸軍少将桐野利秋は、陸軍部内の征韓党を代表して征韓論を主張したる一人なりしといえども、初めは征台論を提げて来り、西郷の韓国行を憂い、これを止めんとして却て西郷の説破する所となり、熱心なる征韓論者となりしもののごとし」と（『西南記伝』上巻の一。466頁）。

すでに記した台湾出兵に際しての鹿児島徴募隊の参加から明らかなように、薩摩軍団が「征台論」から「征韓論」に急変したとは考えられない。日露戦争から韓国併合にいたる時代に「征韓論」が急に人気を集め、自由党の創設者みずからが「征韓論」の第一人者であったことを誇示したり、台湾出兵論の中心的人物だった桐野利秋が、その崇拝者によって「征韓論」の代表に書き替えられたりしたのではなかろうか。

（毎日新聞社提供）

第五章

木戸孝允と板垣退助の対立

板垣退助（1837-1919）

土佐藩士として藩主山内容堂の側用人となり、西郷隆盛らと討幕の密約を結ぶ。維新後は参議となったが、明治6年の征韓論議では西郷隆盛とともに論陣を張った。以後は立志社を設立して自由民権運動に活躍し、日本最初の政党内閣の樹立にも力を尽くした。

1　「民撰議院設立建白」（一八七四年一月）

第一章で記したように、「藩主議会」と「藩士議会」の二院制は、一八六四年の勝・西郷会談から一八六八年の戊辰戦争の勃発までの、明治維新の公約の一つであった。この二院制議会論が姿を消したのは、鳥羽・伏見の戦いに始まり、一八七一年の廃藩置県にいたる「官軍」支配の時代においてであった。二院制議会論が約三年半続き、その後に、「官軍」の時代が約四年半続いたのである。

廃藩置県の断行で、「革命軍」としての「官軍」はその基本的な使命を終えた。明治七年（一八七四）の台湾出兵が、この「元官軍」の最後の御奉公だったことはすでに記した。その同じ明治七年に、かつての二院制議会論が姿を改めて再登場してきた。自由民権運動の始点として有名な「民撰議院設立建白」（同年一月）がそれである。

幕末の「薩土盟約」とこの「民撰議院」論とを結びつけるのは、やや乱暴に響くかもしれない。しかし、後藤象二郎と板垣退助に代表される土佐藩改革派は、一院制議会論のときにも「官軍」時代にも、一貫して与党の一角を占めつづけてきた。もちろん後藤の一院制議会論は、薩摩藩の西郷隆盛や大久保利通の支持がなければ大政奉還に結実できなかった。また、「官軍」時代における板垣退助の勢力も、いつも西郷隆盛の助力で成り立っていた。明治元年の戊辰戦争の時も、明治四年の御親兵の結成の時も、そうであった。彼らは変革陣営の片隅に位置してきたにすぎないが、それでもいつも変革陣営の内部には位置してきたのである。

このことを言い換えれば、明治六年の八月から十月にかけて、板垣退助が西郷隆盛のいわゆる征韓論（その真意については前章を参照されたい）を支持しても、そのわずか三カ月後に、同じ板垣が後藤象二郎とともに「民撰議院設立建白」を左院に提出しても、旧土佐藩の変革指導者としては、何ら矛盾はなかったことになる。板垣は「官軍」指導者として有名であり、後藤は議会制論者として知れわたっていたのである。

板垣自身の監修になる『自由党史』は、この点に関して相当に正直な記述をしている。すなわち、前年十月の征韓論分裂で野に下った板垣は、みずから議会論の提唱者になるのはあまりにも唐突なので、まず欧米留学経験のある土佐の片岡健吉と林有造にその音頭をとることを勧めた。しかし両人は、こういうことは有名人が中心にならなければ効果がないと、板垣みずからが提唱者になるよう忠告した。

そこで板垣は、幕末議会論の中心人物である後藤に面会して相談した。後藤のところには、さすがに欧米帰りの新知識人が出入りしていたようで、彼は、イギリス留学から帰って間もない土佐の古沢滋《うるお》と徳島の小室信夫《しのぶ》が、議会論に詳しいといって板垣に紹介した。この最後の部分だけ、『自由党史』の記述を引用しておこう。

後藤もまた、久しく官選議院〔左院〕の益なきを知る者、すなわち抵掌〔掌を打つ〕して其の議を賛し、かつ曰く、頃日《けいじつ》、小室信夫、古沢滋、新に英国より帰朝す。二人は頗る欧州における議院の制度に熟し、これを我邦に移すの意見を持せり。宜しく招致して建白書を起草せしむべしと、これを板垣に紹介す。板垣すなわち後藤と共に小室、古沢を招き、その説を聴くに、所見符節を合するが如し。よりてこれを副島〔種臣〕、江藤〔新平〕に謀る。

(『自由党史』上巻、86頁)

この記述によれば、征韓論争に敗れて下野した前参議(板垣、後藤、江藤、副島)と並んで、英国帰りながら軽輩の小室と古沢が「民撰議院設立建白書」に名を連ねている理由がよくわかる。また、戊辰戦争以来の「官軍」派の板垣が一転して議会論の指導者になるに際して、幕末以来の議会論者(第一章で記した「公議会」論者)の後藤が果たした役割の大きさも、この記述によくあらわれている。

2　画期性と連続性

イギリスからの新帰朝者が草稿を書いたこの建白書の画期性は、「それ人民、政府に対して租税を払うの義務ある者は、すなわちその政府の事を与知可否するの権理を有す」の一文にあった（『自由党史』上巻、90頁）。幕末以来の「公議会」論は二院制ではあったが、「藩主議会」の議員も「藩士議会」の議員も「租税」を取るほうで、払ったことはないからである。

建白書の前年に士族の家禄にも課税されることになったとはいえ、これは完全な不労所得の家禄が若干減額されたもので、「租税」などと呼べるものではなかった。当時は所得税もまだなかったから、「租税」を払っていた者は農村地主だけだったのである。

そうだとすれば、この「民撰議院建白」は名称どおりの国民議会論で、藩主や藩士の議会を唱えてきた幕末議会論とは、本質的に異なった議会論だったことになる。その意味では、この建白書は、数年後に日本全国を席捲することになる自由民権運動の先駆けをなすものであった。将来的には確かにそのとおりであるが、当の起草者たちが本気でこの一文を書いたようには思えない。かつて『隣草』(第一章参照)を書いた加藤弘之から、「民撰議院」など日本ではまだ早いと批判されたとき、建白書起草者の一人である古沢滋は次のように弁解している。

それ今日この議院を立るの意、けだし藩別議院を出すの制を収拾完備し、御誓文の意味を拡張せんとするのみ。　(『自由党史』上巻、104頁)

すでに第一章で見たように、幕末の「公議会」論こそがここに言う「藩別議院」の原型であり、「五カ条の御誓文」は「公議会」論からその具体性を消したものにすぎなかった。そのような「藩別議院」をいくら「収拾完備」してみても、そこからは「政府に対して租税を払うの義務ある者」を主人とする「民撰議院」は出てこないのである。古沢はこの点をさらに補足して、次のようにも記している。

今それこの議院を立るも、またにわかに人民その名代人を選ぶの権利を一般にせんと云うにはあらず。士族および豪家の農商等をして、独りしばらくこの権利を保存し得せしめんのみ。これらの士族農商らは、すなわち前日彼の首唱の義士、維新の功臣を出せし者なり。
（同前書、107頁）

これでは、ほとんどそのまま幕末の藩士議会になってしまい、どこが「民撰議院」なのかわからなくなってしまう。

イギリスの議会政治を実地に見学してきたわりには幕末の「公議会」論から脱却しきれていない古沢らの議論とくらべた場合、明治七年六月の『明六雑誌』第一二号に載った津田真道の一文のほうが、はるかに「民撰議院」論の名にふさわしい。第一章で紹介した『泰西《たいせい》国法論』の翻訳・刊行（一八六六年）は、伊達ではなかったようである。

津田はまず、「建白書」の提出以来、言論界が国会開設の是非をめぐって活発な論戦を展開しているだけではなく、政府にあっても「地方官会議を開くの特詔」もあり、また「華族会議を創《はじ》むるの説」があることを指摘する。すぐに思い浮かぶように、「華族会議」は幕末の「藩主議会」に、また「地方官」には倒幕諸藩の旧藩士が任命されているのであるから、その会議は幕末の「藩士議会」に当たるであろう。

先に紹介したように「建白書」起草者の一人古沢滋が、この幕末公議会論との連続性をむしろ肯定していたのに対し、津田は真正面から、「華族会議」も「地方官会議」も「民撰議院」

ではないことを強調した。まず「華族会議」について、津田は次のように批判する。

縉紳《しんしん》華族は、概するに皆封建の旧藩君にして、……おおよそ深営に成長し、はなはだ事情に迂闊にして、知識のごときはもっともその短所なり。……短識の人蟻集す、将《は》た国家にありて何の損益あらん。（『明治文化全集・雑誌篇』、114頁）

幕府の下級役人としてオランダに留学し、猛勉強をして帰ってきた蕃書取調所の洋学者が、幕末・維新期の諸大名に対して抱いていた軽蔑の気持が、率直にあらわれている一文である。

津田は返す刀で、「地方官会議」を衆議院の代用品としようという構想も切ってみせる。

地方官は天皇陛下に代わり該府県を治め政《まつりごと》を行なう人なり。……今やこれを会集して代議人と為す。果たして天皇陛下の代議人なりや、将《は》た人民の代議人なりや。名実の相愜《かな》わざる、事理の乖戻《かいれい》せる、これよりはなはだしきはなし。（同前書、115頁）

行政官を集めて立法府にすることの愚を嘲うこの一文には、次節で検討する明治八年二月の「大阪会議」についての、これまでの過大な評価の再考を迫るものがある。

3　憲法が先か議会が先か

すでに第一章で見たように、議会制自体は王政復古の直前にいったんは成立しかけた。藩主を集めた上院と、藩士の代表を集めた下院の二院制構想がそれである。しかも、それは王政復古の激動の中で突然浮上してきたものではなく、その四年前の文久三年（一八六三）以来、各方面で検討されてきたものであった。

しかし、封建制の存続を前提にしたこの二院制構想では、「憲法」というものはほとんど論じられることはなかった。考えてみれば、これはある意味では当然のことであった。上院に集まる各藩主は領地内の租税と軍隊を握っており、下院に集まる藩士代表は、各藩における藩主のブレイン的存在であった。

財権と兵権を握った藩主を集めた議会に、政府は何を諮問したらいいのであろうか。憲法というものは、行政府と立法府の権限を明確にするために必要なのであるが、幕末に構想された議会制では、最重要な財権と兵権は、行政府でも議会でもなく議員たる各藩主が握っている。下院の方も藩主のブレインたる藩士と決まっているのだから、そもそも下院議員選挙というものも不必要である。

議会の構成員はすでに決まっており、その議員各人は各藩の行政権を握っているとすれば、幕末議会論にとって憲法などはほとんど必要なかったのである。そのような議会が仮りに成立したとしても、政府が議会に諮るべき議題は、ごく限られたものになろう。幕末議会論の首唱者とも言うべき幕臣の大久保忠寛《ただひろ》（一翁）が、その会期について「会期は五年に一回これを開らき、臨時議すべき事件あれば臨時に開らくべし」と記しているのは、このためである。

すでに幕府が調印してしまっている欧米諸国との条約に勅許（批准）を与えるかどうか、合議制の下における将軍職をどう変えるかぐらいが、幕末議会ができた場合の主な議題であったのである。

しかし一八七一年に廃藩置県を断行して以後は、議会の性格は百八十度変化する。今や財権と兵権は、薩・長・土三藩の御親兵に守られた新政府が握っている。もしこの二権の運用について議会を開いて民意を問うとすれば、政府と議会の権限をあらかじめ明確にしておかなければ大混乱に陥いる。どうしても憲法が必要になってくるのである。

また、幕末議会論では改めて問題にする必要のなかった両院議員の資格も、はっきりと規定する必要が出てきた。旧藩主は今や華族になっているから、それを上院議員とすればいいといっても、かつての藩主が上院議員になるほどの正統性は廃藩後の華族にはない。廃藩置県を行なったが旧藩主は、そのまま（憲法の規定なしで）上院議員とするというだけでは、明らかに説得力に不足する。

もっと問題なのは下院の方である。「藩士議会」のもとになる藩士は、解任されて士族になってしまった。武士の特権を奪って士族と平民に二分化し「四民平等」を謳っておいて、下院議員は士族に限るというのでは話が通らない。先に紹介した板垣らの「民撰議院設立建白書」が、心にもないのに、「それ人民政府に対して租税を払うの義務ある者は、すなわちその政府の事を与知可否するの権理を有す」と唱えたのは、このためであろう。

もしこれを、「それかつて武士たりし者は、すなわちその政府の事を与知可否するの権理を有す」としたのでは、「民撰議院」などとは言えなくなる。「下院」についてこそ憲法の制定が必要だったのである。

廃藩置県を断行した以上、憲法の制定なしには新政府の正統性を長期的に維持できないことを痛切に感じていたのは、長州の木戸孝允であった。稲田正次氏の古典的名著『明治憲法成立史』（有斐閣、一九六〇年）によれば、そもそも木戸は憲法調査を自己の最優先課題として、岩倉使節団の副使となったようである。

岩倉使節団がサンフランシスコに着いたのは明治四年（一八七一）旧暦十二月六日であるが、それから約七週間後の明治五年一月二十一日には首都ワシントンに到着した。稲田氏によれば、その翌日、すなわちアメリカ到着後わずか七週間目の日記に、木戸は次のように記している。

余御一新の歳、怱卒《そうそつ》の際建言して五ケ条の誓約を天下の諸侯、華族、有司〔官吏〕になさしめ、やや億兆の方向を定む。しかして今日に至り確乎の根本たる律法定まらずんばあるべからず。故に此行先づ各国の根本とする処の律法、かつ政府の組み建て等を詮議せんと欲し、〔何礼之《かれいし》書記官に〕その意味を申達せり。

（前掲書、195頁。なお、他の史料同様に読みやすく書き改めてある。）

欧米各国の憲法と政体の調査が自分の目的であることを、到着直後に宣言したのである。宣言どおり、木戸はイギリスでもフランスでも政治体制について勉強し、ドイツではこの約十年後に、伊藤博文が憲法起草に当たって師事したアドルフ・フォン・グナイストと会見している（稲田前掲書、196頁）。

その木戸が明治六年（一八七三）七月に帰国して、九月に政府に提出した建言書は、幕末・維新期の指導者が、「議会」ではなく「憲法」を初めて重視したものとして注目に値する。「議会論」の嚆矢《こうし》が大久保忠寛《ただひろ》であるとすれば、「憲法論」のそれがこの木戸建言書であるといっても過言ではない。幕末議会論の痕跡を強く残していた板垣退助らの「民撰議院」論に、強力なライバルが登場したのである。

木戸はまず、幕末議会論ではむしろ一体となっていた行政府と立法府を区別するところから議論を始める。すでに記したように、財権と兵権を各藩主が握ったままでの議会制では、議会と区別された行政府という観念が欠けていた。これに対して木戸は、行政府と立法府の厳然たる区別と、その上での両者の協力こそが、欧米文明国の政治体制に共通する点であると力説する。

今文明の国にありては、君主ありといえども闔国《こうこく》〔全国〕の人民一致協合その意を致して国務を条例し、その裁判〔判断〕を課して一局に委托し、これを目して政府と名づけ、有司〔官吏〕を以てその局に充てり。しかして有司たる者は一致協合の民意を承け、重くその身を責めて国務に従事す。……その厳密なるかくのごときも、人民なおその超制を戒め、議士事毎に検査して有司の随意を抑制す。

（『自由党史』上巻、353頁）

このような行政府と立法府の区別と協調は、両者の権限を明確に規定した「政規」がなければ存続ができないから、「細《こま》やかにその条目を記載し、盟約してその制に違反することを禁じ、相互に従順」することが必要である。この「政規」こそが「典則中の本根にして、一切の枝葉ことごとくこれより分出せざるべからず」というのが、木戸の主張である（同前書、354頁）。ここにいう「典則中の本根」である「政規」が憲法を意味していることは、説明を要さないであろう。

そのような憲法としては、木戸みずからも起草に参画した五カ条の御誓文では、あまりにもおおまかにすぎる。「誓文に加条し、典則を建て」ることこそ日本今日の急務中の急務である、と木戸は主張したのである。

4 「議会派」と「憲法派」の協調

民撰議院派が幕末議会論の系譜を引き、「憲法派」が廃藩置県後の立憲政治を念頭に置いていたことは、ほぼ確実である。しかしこのことは、前者が保守的で、後者が進歩的だったことを意味しない。事実はその反対であった。

憲法制定を優先するものは、先に見た木戸孝允のように、政府と議会の双方を縛る基本法が憲法であることを強調する。しかし実際には、憲法制定に際しての政府側の最大の関心は、議会の権限を制限することにあり、自己の権限を制限したいと考える政府当局者は、まず存在しない。

時間の点でも憲法制定派は、議会派より保守的である。明治十四年（一八八一）十月に明治天皇が国会開設を公約してから、実際に明治憲法が発布されるまで約八年の年月が費されたという歴史的事実が、このことを雄弁に物語っている。

政府の兵権と財権が議会に侵されないような憲法を、国民が納得するような形で制定するには、欧米諸国の諸憲法を本気で比較検討した振りをしなければならない。さらにその上で、国内の各機関でも慎重審議した振りもしなければならない。憲法制定には時間がかかり、それゆえに議会開設にはもっと時間がかかるのである。

これに対して、幕末議会論でも「民撰議院設立建白書」でも、議会は翌年にでも開くつもりで議論が立てられている。幕末議会論では、議員資格は各藩主（上院）と各藩藩士代表（下院）と決まっていたから、議会はただちに召集可能であった。「民撰議院」論の場合はこれほど明確ではなかったが、旧藩藩士代表の代わりに各県士族代表を集めるつもりだったことは、先に紹介した明治七年の論争から透けて見える。こういう議会はすぐに開けるから、時間の点では議会優先派のほうが、明らかに急進的だったのである。

行政府と立法府の権限の制限についても、「民撰議院」派の方が、はるかに民主的であった。議会開設の目的は、現存する政府の権限を制限することにあったからである。政府と議会の双方の権限をあらかじめ憲法で規制しようという意図は、この派にはなかった。

この点は、「民撰議院」派が愛国社となり、全国的な国会開設運動の中心指導部となった明治十三年以降においても変わらなかった。明治十三年に全国的に高揚した国会開設請願運動の中で、愛国社に結集した土佐派のグループは、自分たちで憲法草案を起草するいわゆる私擬憲法運動には消極的だったのである（拙著『明治デモクラシー』岩波新書、二〇〇五年参照）。

このような「議会論」と「憲法論」の相違にもかかわらず、これを一括して「立憲政治要求」と呼べば、それは明治七年（一八七四）から八年にかけて、明治政府内外で無視できない声となっていった。

明治七年といえば、政府内外の薩摩派が台湾出兵を日中戦争に発展させようと努めていたときである。これに対し、「民撰議院」派は明らかに旧土佐藩中心の運動であり、「憲法論」の提唱者は、旧長州藩の最有力の指導者であった。次章で検討するように、政府内の薩摩派の中には大久保利通を中心とする「殖産興業派」も存在したが、明治七年中にはまだ明確な対立軸とはなっていなかった。明治七年の対立軸は、西郷隆盛の「対外戦争論」、板垣退助の「民撰議院論」、木戸孝允の「憲法制定論」の三本柱にあったのである。

それぞれのトップの個人名で言えば、西郷、板垣、木戸の三者対立に響くが、三人の背後にはそれぞれ旧薩摩藩、旧土佐藩、旧長州藩があった。そしてこの三藩が鳥羽・伏見で幕府軍に勝利し、御親兵を差し送って廃藩置県を断行したのである。その三藩が、いまや三者三様の路線を提唱しはじめたのである。

三つの路線を比較すれば、「民撰議院論」と「憲法制定論」とが比較的に近く、ともに「対外戦争論」とは両立しがたい。台湾出兵だけならばともかく、それが日中戦争にまで発展したら、当分の間「民撰議院」や「憲法制定」どころではなくなるからである。

前章で記した政府内外の薩摩派の期待にもかかわらず、明治七年の日中戦争は回避された。西郷隆盛と並ぶ薩摩派の最有力者大久保利通がみずから全権となって中国に赴き、台湾問題についての日中交渉をまとめ（十月三十一日）、台湾を占領している日本の派遣軍に天皇の撤退命令が勅使によって伝達されたからである。

政府の独断で台湾出兵がなされ、それが日中戦争寸前の事態にまで発展したことに、「民撰議院派」も「憲法制定派」も危機感を強め、相互に提携しようという動きが出てきた。薩摩派の専断を抑えるために、何らかの立憲政治体制を、両派の違いを乗り越えて導入しようとしたのである。

長州派の中では、木戸の片腕で、一年前に大蔵大輔を辞任した井上馨が、この両派提携にもっとも熱心であった。中国との交渉をまとめた大久保利通が、横浜港で盛大な歓迎を受けたのは明治七年（一八七四）十一月二十七日のことであるが、井上はそれを出迎えておいて翌二十八日、事態打開のため横浜から大阪に向かった。山口県にいる木戸を、手紙で大阪に呼び出そうとしたのである。

この船中で井上は、先に記した「民撰議院設立建白書」の起草者でイギリスからの新帰朝者であった、徳島の小室信夫と土佐の古沢滋と出会った。偶然なのか、事前に打ち合わせてあったのかはわからないが、この時の三者会談は、明治の立憲政治発達史の上で見逃すことのできない「明治八年四月十四日の詔勅」に直接連なるものなので、やや詳しく見ていこう。

この三者会談の内容を伝えるのは、明治七年十二月一日付で木戸に送った井上の手紙である。この手紙はまず、今回の日中緊迫化の責任は薩摩派にあり、それを抑えるためには政府改革が必要であると述べている。

大久保も二十七日朝帰浜候て、兵隊のお迎え、同処人民の祝詞など、ことの外盛んに御坐候。さだめて新聞紙上にて御一覧と、さしひかえ申候。ご投書下され候て、後来また朝鮮またはその他、戦を好み候ようの事これなく、富強の術、開明の手段、無用の費を除くなどの事を、伊藤・山県なども充分注意と存じ奉り候。大久保もよほどこの度は好き修行と相見え、何か充分引きしめる覚悟とは相見え候よし、伊藤申す事に御坐候。……この期を失せず、芋論に圧せらる勢を生じ曲従する様にては、人民も迷死するの外これなきよう愚考仕り候。

(『世外井上公伝』第二巻、613－614頁)

井上馨の手紙は時々文法的ではなくなる。この短い引用でも、二カ所ほど、そのままでは意味の通じないところがある。その一つは「ご投書下され候て……伊藤・山県なども充分注意と存じ奉り候」の所である。ここは、木戸が伊藤や山県に「ご投書下され候て、後来……戦を好み候ようの事これな」きよう「充分注意下さるべく願い奉り候」、でなくては文章にならない。

また、「この期を失せず、芋論に圧せらる勢を生じ曲従する様にては」の箇所も理解しにくい。「この期を失せず」は、「芋論」のほうが仕掛けるのか、「芋論に圧せらる勢を生じ曲従する様」なことがないように長州派が「この期を失せず」に仕掛けるのか、文章上ではよくわからない。

筆者は、後者のように理解する。そうなると、この手紙の意味は次のようになる。「将来朝鮮などについて「芋論」が再度戦を好むようなことを防ぐために、伊藤や山県に十分注意して欲しい。そのような「芋論」に圧倒されないためには、この期を失してはならない」。

このように読めば、「大久保もこの度は好き修行と相見え」の箇所とのつながりもよくなる。東アジアでの戦争を好む「芋論」と大久保は別である、という井上の理解なのである。そして、「この期を失せず」に井上が執った行動が、小室、古沢との舟中会談であり、三人の間で計画された「大阪会議」であった。重要でもあり、興味深い話でもあるので、原文に近い形で当該箇所を引用しよう。

当節、小室、古沢と同行下阪仕り候。同人らも芋を一除仕らず候わでは、政府の事業挙らざる事を吐露仕り候。板垣も遠からず下阪仕り候由に候。色々協和、面白き論もこれあり候間、この期を失せず、少々官員の黜陟《ちゆつちょく》〔交代〕して公平協和を計り、政府の目的を立て候事に候わば、今一応事務も揚り申すべきかと想像奉り候。

ついては、小・古両人も、是非至急老台〔木戸孝允〕え浪花まで御出浮を、生〔井上〕より催促仕り呉れ候わば、板垣も至急呼寄、色々前途御談じ仕り度志願の由に候間、至急御出阪成され候て、当地にて御越年なさる事の相整い候わば、人民の大幸と存じ奉り候。

薩摩の大久保利通が日中交渉をまとめて横浜に上陸するのを伊藤博文とともに出迎えておいて、翌日その横浜から舟で大阪に向かい、その舟中で土佐派の二人と会談し、土佐派は板垣退助を、井上は木戸孝允を大阪に呼び寄せ、「芋を一除」した政府改革を行なおうと密談していたのである。この政府改革論が、薩摩の専横に対して長州と土佐が連携して対抗しようというレベルのものでなかったことは、この手紙の最後の部分によって明らかになる。

必ず従来のごとく土・長合力政府を助くるなどの主意に組立申さず候。ただ、政府の目的を立、法を重んずるの方法によって御論談これあり候わば、面白く相運び申すべく、また伊藤も曰く、此機に乗じ是非老台に出束を促し、前途の目的を大久保と御合候て、この両大将の力を併せ後来を図りたく、再び得べからざるの時と生においても至極同論に御坐候。……御上阪候わば至急テレガラフ御打ち下されたく候。

ここに明らかなように、〝長・土盟約〟の目的は「政府の目的を立、法を重んずるの方法」をつくりあげること、すなわち何らかの立憲政治の樹立のために「民撰議院派」と「憲法制定派」が歩み寄ることにあった。しかし同時に、木戸と大久保の会談も実現させて、大久保を薩派主流の「外征派」もしくは「旧官軍派」から切り離すことも計画されていた。この手紙だけからは断言はできないが、木戸を板垣と会談させるのは井上馨の役割で、大久保と会見させて「両大将の力を併」わせさせるのは、伊藤博文の仕事だったように思われる。

「民撰議院派」と「憲法制定派」の妥協点につき、井上は、別の木戸宛ての手紙の中でさらに具体的に述べている。すなわち、「老台の論を以て板垣などの論を折衷し、我国性質に相応ずる議院の方法を以て、充分政府へ権を取り開院せば、協和の道も相立申すべくやと存じ奉り候」(十二月十八日付)と。

「充分政府へ権を取」った「議院の方法」とは、たとえばこの十四年後の明治二十二年(一八八九)に発足する明治憲法体制を思い起こせば、理解できよう。木戸派が議会開設を容認する代わりに、板垣派は政府権限を強く規定した憲法の制定を認めるというのが、両派が見出した妥協点だったのである。

木戸は翌明治八年の一月四日に下関を発ち、神戸を経て一月六日に大阪に到着した。それから十六日後に、大阪の板垣退助の宿舎を木戸孝允が訪ねる形で、両巨頭と三人の仕掛人の会談がようやく実現した。明治八年一月二十二日のことである。この日の日記に木戸は次のように記している。

十一字井上に至り一字過より共に板垣退助を訪う。小室、古沢も同居。同氏ら民撰議院論に付き余らの考按も陳述し、三氏の意見なども承知し、帰途八字頃井上に至りその余談を尽し、十一字帰寓。

（『木戸孝允日記』第三巻、144頁）

筆者は、この日の木戸日記が好きである。井上、小室、古沢の観点から読めば、十一月二十七日に大阪に向う舟中での三人の密議が、二カ月近くかかってようやく実現したことがわかる。しかも両巨頭会談に同席していたのは、仕掛人の三人だけである。こういう時の三人の感慨は、想像するだけでも楽しい。

会談は午後一時から八時まで、七時間にわたった。相手の主張に耳を傾け、自分らの意見を述べる、という率直で熱心な会談であった。しかも話題は、日銀の金利をいつ上げるか、消費税を何パーセント上げるか、靖国神社参拝は是か非かというような話ではない。王政復古で誕生してからわずか八年目の日本に、どういう憲法を作るか、議会にはどの程度の権限を与えるかについて、相異なる意見を持つ五人の政治家が七時間にわたって議論したのである。木戸と井上馨がそのまま宿舎に直行できずに、「帰途八字頃井上に至り、その余談を尽し」て三時間近く酒を酌み交わした気持ちも、よくわかる。

日本近代史上で「大阪会議」として知られるのは、この一月二十二日の五者会談ではない。それより約二十日後の二月十一日の、大久保利通、木戸孝允、板垣退助の会合が「大阪会議」

と呼ばれてきた。研究者によっては、その二日前の大久保・木戸会談こそ本命だったとする人もある。

明治維新における薩・長・土の比重や、大久保、木戸、板垣の知名度から言えば、どちらの解釈にも無理はない。しかし、先にやや詳しく紹介した十一月二十八日の井上、小室、古沢の舟中会談の内容と、それにもとづく一月二十二日の木戸、板垣、井上、小室、古沢の会談についての木戸孝允の日記の内容を知ると、舟中会談が「大阪会議」の発端で、五者会談こそが本当の「大阪会議」だったと言いたくなる。

大久保、木戸、板垣の三人が会談した時には、すでに本当の仕掛け人のほうでその会談の結論は準備されていたのである。これに反し、「民撰議院派」と「憲法制定派」の仕掛け人たちが両派の相違と共通点を詰め合った舟中会談と五者会談は、立憲政治への移行をめぐって、漸進論と急進論がぎりぎりの妥協をめざしたものであった。

そもそも「大阪会議」が有名なのは、その結果出された、天皇の「明治八年四月十四日の詔勅」のためである。その詔勅は次のようなものであった。

朕今誓文の意を拡充し、茲《ここ》に元老院を設け以て立法の源を広め、大審院を置き以て審判の権を鞏《かた》くし、地方官を召集し以て民情を通じ公益を図り、漸次に国家立憲の政体を立て、汝《なんじ》衆庶と倶《とも》に其《その》慶に頼《よら》んと欲す。汝衆庶、或《あるい》は旧に泥《なず》み故に慣るること莫《な》く、又或は、進むに軽く為すに急なること莫《な》く、其れ能《よ》く朕が旨を体して翼賛する所あれ。

（『明治天皇紀』第三巻、426頁）

「上院」として元老院を、「下院」の第一歩として全国知事会議（地方官会議）を当面設け、「漸次に」ではあれ「国家立憲の政体を立」てることを、天皇が詔勅で公約したのである。また、「漸次に」の文字や、「進むに軽く為すに急なること莫れ」の文章は、「民撰議院派」との交渉の中で、木戸や井上ら「憲法制定派」が一貫して強調してきた点であった。

教科書や概説書には、二月十一日の大久保、木戸、板垣の「大阪会議」しか出てこないからと言って、十一月二十八日の井上馨、小室信夫、古沢滋の舟中会談と、この三人に木戸と板垣を加えた一月二十二日の、もう一つの「大阪会議」を忘れるべきではないであろう。

この四月十四日の詔勅に先だって、木戸孝允と板垣退助は参議の要職に復帰した。「官軍の時代」がその頂点（台湾出兵）を終えたとき、ふたたび「公議輿論の時代」が、たとえ結果的には短かったとはいえ、いったんは復活したのである。

5 「大阪会議」体制の弱点

明治八年二月十一日の大久保、木戸、板垣の三者会談の結果、三月八日には木戸が、十二日には板垣が参議に復帰して、漸進的ながら立憲政治を目標とする政権が成立した。四月二十五日に設置された元老院は、幕末の「藩主議会」よりもはるかに能力重視の構成となっており、地方官会議も六月二十日に開院した。しかし、この新体制は短命に終わった。相互にからみ合った三つの原因のためである。

その第一は、八年一月の五者会談では辛うじて一致点を見出した、木戸らの漸進論と板垣らの急進論の対立が顕在化したことである。

すでに記したように、木戸は岩倉使節団の副使として米欧巡視中に、ドイツでグナイストに会見したこともあって、ドイツ流の君権の強い立憲政治を模範としていた。これに対し板垣のブレインは、イギリス帰りの小室や古沢であった。この六年後の有名な「明治十四年の政変」

では、福沢諭吉らのイギリス・モデルと井上毅《こわし》のドイツ・モデルが正面衝突して、結局後者のドイツ・モデルが勝利して明治二十二年（一八八九）の大日本帝国憲法（明治憲法）が出来上がったことは、よく知られている。

六年離れた二つの論争が類似しているのは、欧米の軍事的、文明的圧力の下に始まった近代日本にあっては、まったく新しいモデルが登場するということは稀れだったためである。欧米の政治社会に大変化が起こらないかぎり、モデル自体には変化がないのである。幕末にオランダで憲法学を学んできた津田真道の『泰西国法論』（第一章参照）と、その十五年後の福沢系交詢社の「私擬憲法案」とがほとんど同じ水準なのは、当然なのである。

同様に、「明治十四年の政変」の直前に、太政官大書記官の井上毅が初めてドイツ・モデルの君権の強い立憲制を日本に紹介した、ということもありえない。明治六年に岩倉使節団がドイツに行ったときにも、ドイツの立憲制は明治十四年と同じく、皇帝権限をきわめて強く定めたものだったからである。

明治八年に立憲政体への第一歩を踏み出したとき、すでに木戸派と板垣派は、ドイツ・モデルかイギリス・モデルかをめぐり激しく対立していた。八年三月七日付で井上馨に送られた木戸の手紙は、この点からきわめて興味深いものである。

とかく板人も、繰返し已《すで》に已に相談済の事を申出し候気味と、ついつい初発より全備をもとめ候工合少なからず、大人〔自分〕は始終だんまりなり。……かつ、とかく板垣は英の政体、英の政体と申し候えども、英の政体は善なれども自然に成立したもの故、俄然と独逸などにても同様にいたし難しと、大政事家なども相論じ候事に御座候。……板人も小室、古沢の英語をききかじり、おかしき事を申候と私笑いたし候のみならず、かえって大いに同人の望を失し候様にも相成り申すべく、然るときは弟らも甚だ残念なり。

（『世外井上公伝』第二巻、634頁）

「小室、古沢の英語をききかじり」の箇所からは、欧米帰りの木戸相手に必死にカタカナ英語を使っている板垣のほほえましい姿が浮んでくる。それと同時に、八年四月十四日の詔勅に到達する以前に、イギリス流とドイツ流の両派は、すでに対立を始めていたことも、この手紙は示唆している。

第二に、先に見た津田真道の論文（明治七年六月）には「華族会議」の噂として描かれていたものが、欧米事情に詳しい政治家を中心とした「元老院」として実現したことに対する、旧藩主勢力の反発があった。元老院の性格とそれに対する左大臣島津久光の反発を知るためには、面倒でも当初任命された一三名の議官の氏名を記しておかなければならない。

勝海舟（参議兼海軍卿）、山口尚芳（外務少輔）、河野敏鎌（権大判事）、加藤弘之（三等侍講《じこう》）、後藤象二郎（元参議）、由利公正（元東京府知事）、福岡孝弟《たかちか》（元参与）、吉井友実（元民部少輔）、陸奥宗光（元大蔵省租税頭）、松岡時敏（正五位）、鳥尾小弥太（元大阪鎮台司令長官）、三浦梧楼（元東京鎮台司令長官）、津田出（陸軍少将）。

この一三人の分類の仕方はいろいろあろうが、「大阪会議」を仕掛けた長州派と土佐派に、幕末洋学者を加えたものと言えよう。

このような元老院が「上院」の原型にされたのでは、幕末議会論で「上院」の中心とされていた旧藩主が反発するのは当然であった。政府は、左大臣で幕末「上院構想」の中心でもあった薩摩の島津久光を元老院議長にして反発を抑えようとしたが、先に元老院副議長に任命されていた後藤象二郎の反対で実現しなかった。

このような中で、伊達宗城《むねなり》（旧宇和島藩主）、池田慶徳《よしのり》（旧鳥取藩主）、池田茂政《もちまさ》（旧岡山藩主）、立花鑑寛《あきとも》（旧柳川藩主）、松浦詮《あきら》（旧平戸藩主）らは左大臣島津久光を擁して、政府の各省を右大臣（岩倉具視）管轄と左大臣管轄に二分することを求めた。「大阪会議」以来の木戸派と板垣派の立憲制移行の流れに、元来は「上院」になるはずだった旧藩主たちが反撃に出たのである。

第三は、政府内に残って木戸や板垣の立憲制移行論を黙認してきた、内務卿大久保利通や大蔵卿大隈重信らの不熱心にあった。この点については次章で改めて検討することとし、土佐の保守派佐々木高行の八年五月の日記を引用するにとどめよう。

五月下旬頃、ある人来り曰う。この頃岩倉〔具視〕公もよほど困却の由なり、これまでは大久保氏に兎角相談して都合宜しくありたるに、今般の改革より大久保は何事にも左のみ関係せず、専ら内務の職務を担当することにて、岩公よりの内談にも構い申さず、木戸・板垣は三条公によりて事を行うことにて、岩倉は独立〔孤立〕の光景なり。

（『保古飛呂比《ほごひろい》 佐々木高行日記』第六巻、271頁）

二月十一日の大久保、木戸、板垣の三者による大阪会議での立憲制導入の決定という通説に従うと、木戸だけではなく大久保も、「漸次に国家立憲の政体を立」てるという天皇の詔勅の推進者になってしまう。じつは、「今般の改革より大久保は何事にも左のみ関係せず、専ら内務の職務を担当」していたのである。

6 立憲制移行の挫折と江華島事件

このような三つの不安定要素に火がついたのは、板垣派の「内閣・諸省分離」要求と、日韓関係の緊迫化であった。前者は木戸派と板垣派の対立を極限にいたらしめ、後者はふたたび軍部や鹿児島の動向を考慮する必要をもたらした。

すでに記したように大阪会議から四月の詔勅にいたる一定程度の民主化の動きは、前年の明治七年五月から十月にかけての台湾出兵の終了を背景とするものであった。薩摩勢力の対外冒険政策への諸方面からの非難が、立憲制の導入論を支えたのである。九月二十日の江華島事件が、この傾向をふたたび逆転させたことは容易に想像がつくであろう。

まずはじめに、立憲派内部の対立の頂点となった、「内閣・諸省分離」問題から見ていこう。

このあまり聞き慣れない問題は、明治十八年（一八八五）十二月の内閣制度の樹立以前には、たびたび紛争の種になった問題である。

内閣制度の成立以前に「内閣」があるのは、変に響くかも知れない。しかし、一国の基本政策の決定を有力政治家中心に行なうか、能吏中心に行なうかの問題は、内閣制度樹立以前から当然存在していた。むしろ、度重なるこの紛議に一応の決着を付けて両者を一体化させたのが、明治十八年の内閣制度の発足だったのである。

話を明治八年に戻せば、この時の「内閣」とは、三大臣と九参議よりなる正院のことで、「諸省」とは外務、内務、大蔵、陸軍、海軍、司法、工部、開拓使の八省のことである。そしてこのときには、新たに加わった木戸と板垣を除くすべての参議は、どこかの省の長官を兼ねていた。参議兼外務卿寺島宗則、参議兼内務卿大久保利通、参議兼大蔵卿大隈重信、参議兼開拓使長官黒田清隆、という具合だったのである。

いま例示した四人のうち旧薩摩藩士でないのは大隈重信だけであるが、彼は明治六年に木戸派を離脱してからは、大久保内務卿の右腕と言っていい存在になっていた。ちなみに大久保の左腕は、北海道の開拓使長官をつとめる黒田清隆であった。内務省、大蔵省、開拓使長官という「殖産興業」関係の省使を、大久保派が独占していたのである。

じつは、この内政関係の要職を奪回することが、立憲制導入と並ぶ「大阪会議」の目的であり、木戸孝允だけがそれに消極的であった。木戸の片腕井上馨は、明治六年六月に大隈に大蔵省を追い出されているので、ある意味では板垣以上に、この要職奪回に熱心であった。

この内政各省の要職奪回が、明治八年の「内閣・諸省分離」の目的であった。いつの時代の政治でもそうであるが、大義名分とその背後にある権力動機とは一体とも言えるし別々とも言える。明治八年の立憲派は、「内閣」は維新の功臣が、省庁は専門知識のある有能な中堅が握るのが国家運営のためであると主張した。しかし、その背後には別の権力動機があったことは、次の史料によって一目瞭然となる。

本章でたびたび名前の出てくる古沢滋には関係文書が存在し（国立国会図書館憲政資料室所蔵）、その中には年月日のない、次のような史料が含まれている。「大阪会議派」の分裂の原因として重要であり、興味深くもあるので、あえて全文を引用した上で説明を付したい。

記

二月大阪の盟約を履行するが為め、かつて認めたる所の条約書に調印すること。

右条約中云うところ、真成の国会を起立する目的およびその期限を預定すること。

内閣と諸省とを分離する后《の》ちは、なおさら立法、行政の権衡を保んが為め、行政の力を専一にせざるべからず。すなわち、同一の目的、気脈の相通ずる人を選んで、合せて一体とならしむるにあり。

内務卿　井上馨〔現職　大久保利通〕

同輔　小室信夫
外務卿　伊藤博文〔現職　寺島宗則〕
司法卿　陸奥宗光〔現職　大木喬任〕
一等判事　河野敏鎌〔土佐〕
大蔵卿　渋沢栄一〔現職　大隈重信〕
同輔　岡本健三郎〔土佐〕
陸軍卿〔記述なし。山県有朋留任か〕
同輔　林有造〔土佐〕
海軍卿　津田出〔前大蔵少輔〕
工部卿　大隈重信〔現職　伊藤博文〕
文部卿　福沢諭吉
元老院議長　後藤象二郎
東京府知事　中嶋信行
右はただ小生共の鄙見《ひけん》にして、決していまだ板垣にも見させ候訳にはこれなく、ただし、かくのごとくにも相成候わば、いわゆる調和の精神相立ち、この調和永かるべきやと愚案仕候までの事に御座候。
（「古沢滋関係文書31」国立国会図書館憲政資料室蔵）

細かいことを省いて大まかに言えば、大久保利通とその配下が握っていた内務、大蔵、外務の三要職を木戸孝允配下に交代させ、その木戸派長官の下の次官に、板垣退助派が就任する構想である。

この重要史料の年月日の見当をつけるためには、この構想を行き過ぎと批判していた木戸孝允の、八年九月一日付の手紙（井上馨宛て）を読む必要がある。

板垣は実に小量狷介《けんかい》にして、緩急取捨も難事をまとめ候などと申気象は毫《すこし》もこれなく、試みに申し候えば、元老院も真の立法院に致さずては折合わざる趣なり。然るときは、四月十四日の詔も、漸次と申す事も、進むに軽く、成すに急になどと申す様丁寧御示にも及ばざる事なり。実に約束も申合も始終用に立ち候目途はこれなし。

正院分離論にいたし候ても、このまま分離などと申す事は、現場ますます治らざる次第は昨日も申し上げ候通りなり。大久保にても決て甘心はいたし申すまじく候。

（『世外井上公伝』第二巻、664頁。傍点は木戸。）

引用の最後のところから、先の年月日不明の史料がこの九月一日前後に板垣派によって起草されたものであることがわかる。明治八年一月二十二日の木戸、板垣、井上、小室、古沢の五者会議での合意に始まった立憲制論者の連合は、同年九月一日前後には、分裂直前の状態になっていたのである。

この木戸孝允の手紙には、他にも見逃せない記述が含まれている。明治八年四月十四日の漸次立憲制移行の詔勅文そのものの中に、木戸による板垣派への牽制が記されているという、木戸本人の発言である。

引用文中の傍点は木戸本人のものである。いま改めてこの傍点部分を、先に引用した詔勅(一三八頁参照)とくらべてみよう。確かに詔勅には、「漸次に国家立憲の政体を立て」とあり、また「進むに軽く為すに急なること莫《な》く」ともある。木戸は自身でこの詔勅文の作成に深くかかわり、この「漸次」とか「進むに軽く」などの部分について板垣派の同意を得たものと思っていたのである。

このように、ともに立憲制移行をめざしていた木戸派と板垣派は、その速度をめぐって、明治八年九月前後には分裂寸前の状態に陥っていた。そのような時に、九月二十日の江華島事件が勃発したのである。

この事件は、朝鮮南西海岸から中国沿岸にかけての航路調査に当たっていた日本の軍艦雲揚艦が、朝鮮の江華島沖に投錨したことに始まる。

当時、飲料水の欠乏を感じていた艦長井上良馨《よしか》は、「この近海は未航未開の地なるが故に、士官をして探水あるいは請水せしむるも心自ら不安」と考え、みずから指揮してボートで江華島砲台に向かった。「探水」は井戸探しか谷川の水探しで「請水」は同砲台から水を分けてもらうことであろう。

これに対して同砲台が砲撃を加えたので、井上はただちに艦に戻り、同砲台を砲撃し、ボート二隻に水兵二二名を上陸させ、永宗城を占領し、捕虜に戦利品を運ばせて日本に向けて出帆した。日本に帰航する途中、「飲水いよいよ欠乏、諸所捜索の所、ようやく樹木繁茂せし一孤島を見出」し、そこに上陸して谷川の水を汲んで長崎に向かったのである。

以上の事件要約は、日本側の雲揚艦長が事件から二週間以上も経ってから提出した、正式報告書にもとづくものである。当事者たる井上良馨には自己の行為を粉飾する動機があったろうし、そのための時間も十分にあったろう。しかし、その点に留意して読めば、こういう一方的な報告書からも、ある程度の真相は透けて見えてくる。

双方の軍事力行使の程度からして、この事件は痛み分けで、その場限りで決着していいものであった。先に仕掛けたのは朝鮮側であるが、それによる日本側の損害はゼロだった。他方、突然砲撃を受けたにしろ、雲揚艦側は十二分に報復した。朝鮮側の死者三五名、捕虜一六名、日本側は負傷者二名だけだったからである（以上、『日本外交文書』第八巻、130－131頁による）。

しかし、二年前には西郷隆盛使節の韓国派遣決定を覆し、一年前には対中国開戦を土壇場で回避した大久保利通としては、国内事情からいって、この事件を黙殺するわけにはいかなかった。板垣らの「左派」と島津久光ら「右派」の挾み打ちになっていた漸進的立憲論者の木戸孝允にとっても、事情は同じであった。

彼らが恐れていたのは、江華島事件に対する薩摩の西郷隆盛の動向であった。「大阪会議」で板垣退助を抱き込んで「芋を一除」したつもりが、板垣の離反に加えて、江華島事件を機に「芋」の反撃を受けようとしていたのである。木戸は今回は大久保と組んで、彼の力で政府内の薩派、とくに陸軍の支持を得て、内外の難局を切り抜けようとしたのである。この間の事情は、井上馨宛ての木戸孝允の手紙に詳しい（十月八日付）。

「一、左大臣（島津久光）を防ぎ候に決意候については、もとより薩人と同意致さずては防ぐにつき利益少く候間、もっぱら心を用い候事。

かつて大山弥介（巌、陸軍少輔、明治七年フランス留学から帰国）の話に、帰朝後薩州へ帰り西郷に面会、先年同人の征韓論を非として大いに論破し、かつ去年台湾後、いまだ征韓論の余派これあり候も大いに論破いたし候へども、この上自然彼より何か隙を開き候事これあり候ときは、先年来の行きがかりもこれあり、国も陸軍中も如何ともいたしがたく、所詮拙者の手式には任ぜず、と申事も承りおり申し候。

（『世外井上公伝』第二巻、690頁、傍点は引用者。）

これによって、第一に、台湾出兵が不燃焼に終わったために、鹿児島の西郷隆盛は依然として対外強硬論を抱持していたことがわかる。さらに、もし江華島事件のようなことが起これば（「自然彼より何か隙を開き候事これあり候ときは」）、鹿児島の西郷派だけではなく、政府内の陸軍も制御困難になる。陸軍省の局長で薩摩の有力者の大山巌の言だけに、説得力がある。「国〔鹿児島〕も陸軍中も如何ともいたしがたく」、との一文は、この当時の政府内外の事情を示して余りある。

このような事情を熟知していた木戸は、江華島事件の勃発と同時に、従来の彼の外交と内政の両論を大転換させた。ハト派的外交論を捨てて、立憲制移行論も凍結させたのである。同じ手紙の中で、彼は次のように記している。

左大臣を防ぎ候一難題の上へ、朝鮮の一条出来《しゆったい》候については、……所詮制し候目的これ無く、その上今日の薩の国と陸軍中と大混雑を生じ、したがって世間不平士族その外相応じ候ときは、一日も保ち難きは当然の勢にて、……依て弟〔木戸〕も決心いたし、ますます大山らとも談合いたし、朝鮮の始末などにつき候ても担当いたし候次第にて、……終にここに到り候事。今日の勢に中止候ときは、薩も陸軍も、兼ねて大山話し候通り、実にいたし方これ無し。

（同前書、690－691頁）

こうして、板垣が既述の「内閣・諸省分離」が実現しないことを理由に十月末に参議を辞任したのを無視して、木戸は参議に残って大久保を支えて、江華島事件の解決に尽くしたのである。明治七年十一月以来約一年間続いた、立憲制移行をめざす漸進派と急進派の提携は終了した。幕末に続く第二の「公議輿論」の時代の終焉である。

（毎日新聞社提供）

第六章

大久保利通の「富国」路線

大久保利通（1830-1878）

幼少より西郷隆盛と深い親交があり、明治政府成立にあたっては版籍奉還・廃藩置県などの内政改革を成功させた。西郷などの征韓派参議が辞職した後は政府の中心となり、体制維持に努めたが、石川県士族によって暗殺された。

1 「富国強兵」と「富国強兵」

日本近代史を語るいくつかのキー・ワードの中で、「富国強兵」を第一番目に重視したのはジャーナリストの田原総一朗氏である（『日本の戦争』、小学館、二〇〇〇年）。

同氏はこの本を書くに当たって、私を東大の研究室に訪ねてこられた。私が東大を停年になって千葉大学のお世話になる直前のことだったから、それが一九九八年三月末のことだったことは、今でもよく覚えている。

それまで私は、「富国強兵」とひと口に言うけれど、「富国」と「強兵」とは、むしろ対立する政策だったと著作の中で主張してきた。それゆえに、当然田原氏にも、「富国強兵」を一つのキー・ワードにするのは間違いだと答えた。田原氏はその事を瞬時に理解したけれど、なお執拗に、その違いはわかったけれど、熟語としての「富国強兵」という言葉はだれが、いつ使い始めたのかと問うた。ちょうど今から九年前のことである。

この〝奇襲攻撃〟に真っ当に答えられなかったことは、今でも思い出すと顔が赤くなる。東大を停年になろうとしている日本近代史の専門家が、「サンデー・プロジェクト」のジャーナリストの質問に、正面から答えられなかったからである。

その口惜しさもあって、本書では幕末の横井小楠や佐久間象山、西郷隆盛や大久保利通の言説を読む時に、特に「富国強兵」という言葉に留意した（本書第一章）。しかし結論としては、九年前の私の田原氏への回答が正しかった。

一八六四年に西郷隆盛が「国を富ますの策」について語る時、彼は明らかに「富国」よりも「強兵」のほうを重視していた。反対に、言葉だけならば、一八六〇年に横井小楠が「富国強兵」という表現を使っているけれど、その内容は「強兵」論ではなく、「富国」論のほうであった（第一章）。

「富国」と「強兵」が違うスローガンであることに私が気がついたのは相当昔のことであるが、それは一九六〇年七月十九日に終わる岸信介内閣と、その後継者の池田勇人内閣とを目の前にした私の世代の歴史学者にとっては、あまりにも当たり前のことであった。

一〇〇万人デモというのは、大抵の場合「白髪三千丈」の類であるが、一九六〇年五月の岸内閣による日米安保の強行採決以後においては、本当に一〇〇万人の日本人がデモに参加した。しかし「平和と民主主義」を守ろうとした一〇〇万人の日本人は、一カ月も経たないうちに、池田内閣の「所得倍増計画」のほうに関心を持ち出した。一つの大学でいえば、昨日まで二〇〇〇人は簡単に集まったデモに、今日は一〇〇人も集まらなくなったのである。

今日の諸研究は、岸内閣の経済政策は、そのまま池田内閣の所得倍増計画に連続するものであり、両内閣の経済政策には根本的な相違はなかったことを明らかにしている。しかし政治の問題としては、岸内閣の安保改訂に反対行動を起した一〇〇〇万人の日本国民は、池田所得倍増内閣の成立とともに街頭から姿を消したのである。「強兵」内閣と「富国」内閣とは、政治史的にはまったく違う内閣だったのである。

2 内務省の役割

第一章で見たように、幕末の「富国」論者横井小楠は早くも一八六〇年には、政府みずから農事試験所を設立して養蚕、製糸、農具などの合理化と器械化につとめ、さらに生産に必要な原材料、肥料、労賃などにも政府が無利子で資金を提供することを提言していた。

重要なのは、このような「殖産興業」は、中国古代の聖人の時代に行なわれた「格物究理」の実践を継ぐものとして位置づけられていた点である。ここでは生産を増やし民の生活を豊かにすることが、古代儒教というイデオロギーの具体化として提唱されていたのである。それゆえにこの立場は、「強兵」や「立憲制」と対等の、明治維新の基本目標になり得たのである。

明治の初年にこの「富国」路線を明確に打ち出したのは、言うまでもなく大久保利通である。明治六年十月に、彼が「征韓論」に反対して「内治優先」を唱えたことはあまりにも有名であるが、七カ条の征韓反対理由のうち五カ条は、生産を増大して国民の生活を豊かにすることと関連させて論じられている。

すなわち、第二条では、韓国と戦端を開けば増税か外債募集を行なわなければならず、どちらも国民生活を圧迫することが論じられ、第三条では、「征韓」は進行中の「富国」のための政府事業を頓挫させることが強調される。第四条は大久保の殖産興業論の中核であり、国内の生産を増加して輸出を増やせば輸入との均衡が回復し、国民は「大に富を致す」と論じられ、征韓はこの方針を挫折させると説かれる。第六条は大英帝国の経済侵略の危険を説くものであるが、ここでも征韓は国民の富を失わせ、イギリスの経済侵略を誘発するという論理が展開されている（『大久保利通伝』下巻、120－125頁）。

大久保は、このような「富国」政策を実行するために新たに内務省を設置し（明治六年十一月)、大蔵から勧業、戸籍、駅逓、土木、地理の五寮(局)を移管した。すべて彼の「殖産興業」に関係する部門であり、その内務省の長にみずから就任したのである。これ以後、大久保内務卿、大隈大蔵卿、黒田開拓使長官、伊藤工部卿らの下に、「強兵」路線とも「立憲制」路線とも異なる「富国」路線が進められていく。

3 「路線」と「現実」

すでに第四章で記したように、征韓論に対して「富国」路線の立場から反対した大久保や大隈は、財政的にはそれ以上の負担をもたらした台湾出兵には、むしろ積極的であった。三〇〇〇を超える軍隊が五カ月余にわたって台湾に駐留し、本国でも対中開戦の準備が進められていたからである。江華島事件の直前に、大蔵省租税頭の松方正義は、政府に対して次のような警告を発している。

正義伏して天下の大勢を惟《おもん》みるに、現貨濫《らん》出して、しかして外債また多し。しかのみならず、去年台湾の挙あり、清国その間に葛藤を生じ、征師の軍費巨万の現貨を費し、もし和議ならざれば既に国債を募るの内議廟決《びょうけつ》〔政府決定〕ありしため、国庫将《まさ》に虚しからんとす。……然るに今また征韓の兵を起こさば、行軍一日幾万の現貨を費すを知らず。遂に国を挙げて現貨地を掃い、ただ紙幣のみ存ずるの日に至らば、金融頓《とみ》に汨《しず》み、国民墜産、流凶塗炭に陥らずして何ぞや。

（松方正義文書〔旧大蔵省蔵〕第56冊、第12号）

大久保が断行した台湾出兵や対韓武力外交（江華島事件の処理）の結果、国庫の金銀は流出し切って紙幣しか残っていない状況になれば、「殖産興業」などは夢のまた夢になってしまう。「殖産興業」路線についての大久保の本気度が疑問視されるのも、やむを得ないかも知れない。

しかし学問と違って政治の場では、国内外の状況を無視して理想のみを追うわけにはいかない。大久保が台湾出兵に反対したら、鹿児島の西郷派だけではなく、政府内の海軍も大久保から離反したに違いない。江華島事件に強硬姿勢を示さなければ、鹿児島では旧藩の実質上の藩主であった島津久光も大久保攻撃に加わり、さらに軍部にあっては、今度は陸軍が黙っていなかったことは前章で見たとおりである。政権を追われては殖産興業も何もないから、大久保は「路線」のほうを凍結したのであって、「路線」そのものを放棄したわけではなかった。

江華島事件に対する大久保の対韓強硬姿勢とは、あくまでも戦争回避を前提としたものである。軍艦五隻を率いた〃使節団〃二八名の約半数が陸軍士官という外交交渉は、典型的な砲艦外交であったことは否定しようがない。しかし大久保は、タカ派の黒田清隆を全権正使に、ハト派の井上馨を副使にすることで交渉決裂を回避しようとした。この点について大久保は、伊藤博文に次のように書き送っている（八年十二月十三日付）。

井上氏の一条如何と関心仕り居り候。……今般政府使節を派遣せられ候旨趣、倒底和平を主とする義は、余言これなき事と存じ候に付、……是非同氏（井上馨）憤発補翼相成り候様、この上ながらご尽力下され度く、千万祈望する所に候。……黒田にも厚く示談いたし置き候に付、疎暴の挙動を以て大事を誤り候様の辺りは、一点疑惑するところはこれ無く候えども、人の長不長は各々免れざるところにこれあり候えば、是非これを補い候にその人を以てするは、政府においてご注意なくんばあるべからず。（『伊藤博文関係文書』第三巻、232頁）

「人の長不長は各々免れざるところ」の一文と「疎暴の挙動を以て大事を誤」るの一文とをつなげれば、黒田清隆の長所は戦争で、井上馨のそれは「和平」だったことになる。大久保は前年の対中交渉の時と同じく、強硬外交を装った和平交渉をねらっていたのである。

4 「富国」路線への復帰

明治九年三月に江華島事件を日韓修好条規の締結で解決すると、大久保はふたたび「富国」路線を復活させた。翌四月、彼は「国本培養に関する建議書」を太政大臣三条実美に提出し、「民業を勧励し物産を開殖」することが急務中の急務であることを強調した。

この中で大久保は、国家に最も必要なのは「実力」であって、その「実力」は、煎じつめれば「中外輸出入の統計」によってわかるという、きわめて大胆率直な「富国」論を唱えている。憲法以下の法律も政治制度も、また軍事力や教育の充実も、すべて輸出と輸入の増大と均衡があっての話だというのである（『大久保利通文書』第七巻、76頁）。

この建議書で第二に注目すべき点は、かつて故佐藤誠三郎氏が「大久保利通」という論文で明らかにした、政府の手による工業化を「変法」と自覚しながら、あえて肯定してみせたことである（『死の跳躍』を超えて——西洋の衝撃と日本』都市出版）。大久保自身の言葉で語ってもらおう。

民業を開誘し貿易を奨導するの事務〔について〕、もしこれを政府の務に非ずとして、措いて人民の長進に任せ、荏苒《じんぜん》〔ゆっくりと〕数歳を経過せば、その衰状の底止するところ、豈《あ》に窮極あるべけんや。これ国勢急中の最も急なるものにして、政理の正則に非ずといえども、また時勢の変法において欠くべからざるの要務と云わざるを得ず。

（『大久保利通文書』第七巻、80頁）

戦後の世界にあっても、後発資本主義国の間では、「開発独裁」と呼ばれる「上からの工業化」がよく見られた。大久保がめざしたものは、それらの原型のようなものだったのである。このような大久保の「富国」路線は、内乱や対外戦争とは両立しにくい。彼はこのことも自覚していたが、明治九年（一八七六）三月の日韓修好条規の締結で、そのような妨害要因はすべて除去されたと考えていた。江華島事件に決着がついた一カ月後に書かれたその建議書で、大久保は次のように内戦と外戦の時代の終焉を宣言している。

内は佐賀の変動あり、外は征台の一挙より延《ひい》て朝鮮の事件におよぶ。これ誠にやむを得ざるの機に際し、その偏倚衰耗〔外形に偏して実力の養成を怠ったこと〕を救うの道において、単に全力を展《のぶ》る能わず。今や幸にこれらの事件妥弁結了し、中外恬安《てんあん》無事に帰せり。しかればすなわち、この際に当てや、夙夜《しゅくや》〔早朝から夜半まで〕奮励、小康に安んぜず、勉めて力を根本に尽し、国の精神を旺盛にし、政《まつりごと》の基礎を堅固にせしめざるべからず。しかして、そのこれを致すの要《かなめ》、民業を勧励し物産を開殖するにありと信ずるは、敢《あえ》て臣が私言に非ざるべし。

（同前書、77頁）

元治元年（一八六四）九月の大久保宛て西郷隆盛の手紙の紹介から始まった本書の読者は、その西郷との内戦が翌年に迫っているなどということを、大久保が予見できなかった（あるいは考えたくもなかった）ことを非難するつもりにはならないであろう。

5 「開発」と「専制」

大久保がめざした「上からの工業化」路線は、すでに記したように、西郷隆盛らの対アジア戦争路線とは両立しにくい。松方正義が示唆したように、対外戦争で国庫の金銀を使い尽くしてしまえば、工業化は紙幣で行なわなければならない。しかし、「上からの工業化」の東の横綱が生糸生産の器械化で、西の横綱が国産綿糸の大量生産であった以上、どちらも機械を海外から輸入しなければならない。

特に後者の官営紡績所の設立は、当時の言葉では「現貨」、いまの言い方なら「外貨」を膨大に必要とする。紙幣では工業化はできないのである。また、戦争で重工業が大儲けするというようなことは、工業化の初期段階では起こらない。一言でいえば、明治の初年には、「強兵」路線と「富国」路線は背反的な路線だったのである。

しかも「富国」路線は、「立憲制」路線とも対立的な関係にあった。立憲制が設立後十年も経てば、議会が減税よりは鉄道布設のほうを望むことも起こりうる。しかし、開設直後の議会が要求するのはまず減税であり、そのための歳出予算の削減であろう。これから政府の手で工業化を進めようとする大久保たちが、減税を求めるに決まっている議会の開設に積極的なはずはなかったのである。

明治六年(一八七三)十月の征韓論分裂に関して、大久保利通と木戸孝允は一括して「内治優先派」と呼ばれることが多かった。「征韓」、「征台」、江華島事件は、西郷隆盛と軍部内タカ派の要求であり、大久保はそれに消極的、木戸はそれに反対だったからである。

しかし、いったん「内治」の内容の検討に入れば、「富国」路線と「立憲制」路線は、ただちに対立面を浮上させる。前章(第五章)で検討した「大阪会議」(明治八年二月十一日)から四月十四日の詔勅にかけての立憲制への第一歩にあって、大久保利通、大隈重信および大阪の政商五代友厚から「富国」派は正面からは反対しなかったが、不熱心の極の態度を貫いた。「大阪会議」の結果、木戸孝允に続いて「民撰議院」派の板垣退助も参議に復帰した三月十二日、大阪の五代は大蔵卿の大隈に、次のように書き送っている。

伝文に云う、木戸再勤に付ては閣下頻りに御故障御申立の説あり。時勢もしやむを得ざる事より御退職にも相成り候わば、早々御下阪くださるべし。決して御不自由は御させ申すまじく。然し申し上ぐまでも御座無く候えども、甲東〔大久保利通〕の愚意もこれあるべしと存じ申候間、それまでの御堪忍、希望奉り候。（『五代友厚伝記資料』第一巻、251頁）

二月十一日の大久保、木戸、板垣の「大阪会議」の結果、木戸と板垣が参議に復帰して、いよいよ立憲制への第一歩が踏み出されようとしているときの手紙である。そのようなときに、決してご不自由はさせないから、大蔵卿を辞めて大阪に来てしまったらと、五代が大隈を誘っているのである。大久保の片腕たちが立憲制への移行を苦々しく思っていたことを、強く示唆する手紙である。

同様の示唆は、大久保自身の五代宛ての手紙にも見出せる。「大阪会議」の結果、大久保自身も木戸、板垣、伊藤と四人で、三月中旬から「政体取調御用」として先に記した元老院設置などの政府改革の審議に加わっていたが、その最中の三月二十三日に、大久保は五代に次のような手紙を送っている。

この地格別相変り候事もこれなし。芝居の模様、追々新聞紙上にて御承知これあるべくと相察し候。世の中と申すものは、水臭きものにて、心中には思い明らめ、何の日か花鳥風月に逍遥する時節を得申すべきかと千祈万禱いたし候。余計の弁解は鬼が笑い申すべく候に付

き、閣筆《かくひつ》仕り候に付き、心事御推恕くださるべく候。　（同前書、253頁）

前章で記した井上馨、小室信夫、古沢滋ら「大阪会議」の仕掛け人たちは、その成果が明日にでも結実しようとしていた三月二十三日に、これほど落ち込んだ手紙は書かなかったであろう。大久保が具体的に何をもって「水臭きもの」と表現したのかということまではわからないが、先の五代友厚や大隈重信と同じく大久保も、立憲制への一歩を記した「大阪会議」以後の展開に大きく失望していたことは、ほぼ確実である。

6　大久保の自信回復と井上馨の失意

先に記したように、明治九年三月に江華島事件に決着を付けて以後の大久保は、いま見た前年の二、三月の頃とはまったく違って、自信に充ちて「国本培養の建議書」を政府に提出した。この「富国」派の自信回復と対照的だったのが、「立憲制」派の木戸孝允や井上馨であった。

大久保が先の建議書で、江華島事件の決着が付いた今こそ、「殖産興業」に全力を注入すべきであると意気込んでいた四月の初め、木戸のほうは次のような政界引退の希望を井上馨に書き送っている。

弟〔自分〕今世において更らに望むところこれ無く、また外に終生用に相立つべくと存候事もこれ無く、静に余年を相送りたし。さりながら今日〔内閣〕顧問云々もやむを得ざる行がかりにて、強いて初発より断然辞しがたく候間、ひとまず御受け仕り居る仕合に付、だまって四、五カ月も相勤め候わば、何卒西京〔京都〕に至り、幽栖《ゆうせい》いたしたし。時々東京へも出づべく候。

(四月二日付。『世外井上公伝』第二巻、717頁)

明治八年初めの「立憲」派全盛のときには、「富国」派の大久保が「花鳥風月に逍遥する」日を思い、翌九年に「富国」派が自信を回復したときには、今度は「立憲」派の木戸が、京都に「幽栖」することを願っているのである。大久保と木戸を「内治優先」派として一括りにする見方は、「内治」の内容の相違を知らないところからきたものである。

木戸以上に「民撰議院」派との提携に深入りしていた井上馨は、江華島事件決着後の「富国」派の自信回復にもっと強い挫折感を抱いていた。彼が「民撰議院」派の小室や古沢と計画してきた立憲制移行は、江華島事件という対外危機でお蔵入りになってしまったからである。

そのことを十分承知の井上に大久保らが依頼したのは、先に記したように、「疎暴」な黒田全権を宥《なだ》めるための副使役であった。彼は「朝鮮行も心中安からず、黒田の副官と相成り、己の名誉も打捨、ただただ〔薩長間の〕平均論より心を曲げ候次第」と木戸に書き送っている（明治九年四月二日）。

井上の挫折は、立憲制移行の凍結だけではなかった。明治六年（一八七三）五月に大蔵次官（大輔）を更迭されるまでの彼の財政論は、明治九年（一八七六）四月の大久保の建議書とは正反対のものであった。一言でいえば井上は健全財政論者で、大久保は積極財政論者だったのである。

立憲制移行論でも健全財政論でも敗れた井上馨の失意は、「花鳥風月」や「幽栖」を口にする程度で片付くものではなかった。彼は先の日韓修好条規交渉の成功の論功を政府に迫って、欧米各国の財政金融事情の調査を名目に三年間の洋行を命じさせ、明治九年六月サンフランシスコに向けて旅立った。「富国」派と「対外戦争」派に分かれているとはいえ、なおしばらくは全体としての薩摩勢力に抗しがたいことを痛感したのである。

井上の欧米事情研究は、相当に力の入ったものであった。九月にロンドンに移った後は、早くも十月には、福沢諭吉の門下生で明治七年から留学していた中上川《なかみがわ》彦次郎、小泉信吉《のぶきち》らを毎週土曜日に居宅に招いて、「ポリティカルエコノミーの書を輪講」していた(明治九年十月九日付木戸宛て書簡)。

井上の留学中、大久保内務卿、大隈大蔵卿、伊藤工部卿のトリオによる「富国」政策は、ようやく実地に始まりつつあった。予算の裏付けをもち始めたのである。先の大久保の「国本培養の建議書」は、具体的には本年度はゼロ・シーリングという政府の財政方針に対して、内務省の殖産興業の重要性を説いて特例扱いを求めるためのものであった。

この大久保の要求は通って、明治八年度には二三〇万円であった同省予算は、九年度には約三七〇万円に増加している。約一四〇万円、六〇パーセントの増加である(『明治財政史』第三巻、218-225頁)。大久保の言うとおり、台湾出兵の明治七年、江華島事件の明治八年とはうって変わって、明治九年は殖産興業元年となろうとしていたのである。

さらに大久保は、殖産興業予算を単年度主義の予算枠を超えて確保しようとした。彼は同年五月に大蔵卿と連名で、近々断行される秩禄処分(士族の奉禄の公債化)により年々三〇〇万円減少する歳出から、年一〇〇万円、三十年間で三〇〇〇万円を担保に、同額の殖産興業手形を発行することを提案している。秩禄処分の実施は翌明治十年のことであるから、この段階ではまだ構想にすぎなかったであろう。しかしこの構想は、明治十一年(一八七八)五月の起業公債一二五〇万円の募集につらなるものであった(後述)。

7 「富国」路線と地租軽減

大久保利通は江藤新平の「佐賀の乱」(明治七年二月)を「富国」路線の低滞要因の一つにあげていたが、最大の阻害要因は台湾出兵と江華島事件という対外要因のほうにあった。しかし明治九年(一八七六)末には、将来的には「富国」路線の最大の阻害要因になる事件が起こった。地租改正反対一揆がそれである。

ごく単純化して言えば、地租改正とは、これまで年貢を払ってきた農民にその土地の所有権を認める代わりに、毎年固定した額の地租を納めてもらうというものである。細かい差違を無視してその方法も単純化して言えば、農民の土地を資本とみなして、そこから得る年収を利潤と見なせば、当時の利子率によって土地の値段を算出できるというものであった。金利五パーセントのときに米を作って一〇〇円の収入を得ていれば、その土地の価格を二〇〇〇円とみなすわけである。

政府のねらいは毎年同額の地租を得ることにあったから、算出された土地の価格（地価）は、実勢の地価とちがって固定される。こうして固定された地価に一定の税率（当初は三パーセント）を掛けたものが地租である。自作地の算出方法と小作地のそれとは違ったが、ここではその問題には立ち入らない。

すぐに想像がつくように、このような地価算出の基準に使う米の値段と地租改正時の実際の米価とが大きく異なれば、政府か農民のいずれかが大損する。明治九年の末に大規模な一揆の起こった三重県の場合には、地価の算出に使われた平均米価は一石五円一九銭であり、改正実施時のそれは一石三円五〇銭であったから、農民は少い実収で高い地租を払わねばならず、一万人を超える農民が一揆を起こしたのである。

同様の一揆は茨城、愛知、岐阜、滋賀、堺の各県で明治九年十二月に起こった。この三カ月後の明治十年二月に西郷隆盛率いる最大の士族反乱が起こったことを考えれば、政府が農民一揆を弾圧するだけでは済まなかったことは理解に難くない。

滋賀県知事の籠手田安定は大久保の側近の五代友厚に、「もし万々一このまま指し置かれ、諸県下人民蜂起し、不平士族これに相応じ、しかのみならず大有為の者もし万一大挙して天下を計らば、人民のこれに向う、水の卑《ひくき》に流るるの恐れあり」と警告している（十二月三十日付、『五代友厚伝記資料』第一巻）。「大有為の者」が鹿児島の西郷隆盛を指すことは明らかであろう。

農民の地租改正一揆に乗ずる形で西郷が蹶起することを恐れた政府は、農民一揆の方の懐柔を計った。明治十年（一八七七）一月四日に、地租の軽減を断行したのである。〃地租五厘減〃として知られるこの減税は、地租そのものを五厘（〇・五パーセント）軽減したものではない。すでに記した法定地価に掛ける税率を、三パーセントから二・五パーセントに下げたもので、地租額は六分の五に軽減されたのである。

約一七パーセントの減税であるから大減税だった。減税は簡単であるけれど増税は難しいから、これ以後明治三十三年（一九〇〇）までの二十三年間、地租率は二・五パーセントのままで、政府は一度も増税に成功していない。

政治的にはやむを得ない措置だったとはいえ、この大減税は大久保らがめざしてきた殖産興業政策に大きな打撃を与えるものであった。明治十年の地租は、前年より約七〇〇〇万円減少した。歳出総額が約六〇〇〇万円だった当時にあっては、七〇〇〇万円の減税は政府事業の相当な縮小を迫ったのである。

振り返ってみれば、明治六年に内務卿に就任して以後の三年間、大久保の「富国」路線は不運の連続であった。明治七年には台湾出兵が、八年には江華島事件が、九年には地租改正反対一揆が「殖産興業」の財源を次々に失わせた。その上、翌明治十年（一八七七）二月には、新政府に対する最大の内乱が勃発した。西南戦争がそれである。

（毎日新聞社提供）

第七章

「維新の三傑」の死

木戸孝允（1833-1877）

吉田松陰の門に入り、江戸に出て蘭学を修める。長州藩の中心人物として薩長同盟を結び、維新後は五箇条の御誓文の作成に関わった。明治政府では参議となり、岩倉使節団の副使として欧米を視察し、立憲体制の確立に努力した。

1　明治の近代化と西郷隆盛

西郷隆盛がいなければ、徳川慶喜の大政奉還（一八六七年）もなければ、王政復古（一八六八年）もなかった。西郷隆盛がいなければ、鳥羽・伏見での「官軍」の勝利（一八六八年）もなければ、廃藩置県（一八七一年）もなかった。少なくとも、西郷抜きのこの四つの大事件を想像するのは難しい。さらに言えば、これから記す明治十年（一八七七）の西南戦争で西郷軍を敗北させる農民軍の結成（徴兵制の導入）も、留守政府の最有力参議で陸軍大将だった西郷の同意なしには実現しなかったであろう。

このように、明治維新の近代化政策のすべてにおいて西郷は大きな役割を果したが、それは単に下の者に担がれて御輿に乗っただけではない。本書第一章で明らかにしたように、彼は幕末に勝海舟と初めて会談したときには佐久間象山の近代化論を吸収しており、勝から大久保忠寛の封建議会論のことも聞かされていた。理論や思想の面でも、彼は大久保の「富国」論、木戸の「立憲制」論ぐらいは十分に理解していたのである。その西郷がなぜ、勝利の見込みもなければ、勝利後の展望もない反乱に立ち上がったのであろうか。

西郷は、じつは勝利後の展望を十分持ち合わせていた。彼は実際に一八八九年に発布された憲法、翌九〇年に開催された議会制ぐらいは、すでに一八六四年から念頭にあった。西郷が勝利したら士族独裁国家になるというのは、幕末や明治初年の西郷の思想と実践を知らない者の議論である。「富国強兵」についても同様である。西南戦争の三年後の明治十三年に参謀総長山県有朋が提唱した、中国を仮想敵とする「富国強兵」論（『山県有朋意見書』所収）は、むしろ幕末から明治初年に西郷自身が唱え、部分的には実現してきたものであった。

仮りに明治十年の西南戦争で西郷側が勝利したとしても、明治憲法体制ぐらいのものは出来たに違いないし、一八九四年とは違う年になったかも知れないが（明治七年の台湾出兵前後のことを考えれば、もう少し早く起こったかも知れない）、日清戦争は起こり、日本が勝利していたであろう。この点で後世の西郷像は、彼の識見と実践を極端に矮小化したものである。

では西郷軍勝利の可能性の方は、どうであろうか。

もし時の海軍次官川村純義や熊本鎮台参謀長（鎮台司令長官に次ぐ地位）の樺山資紀が、西郷隆盛と同じように信義に厚い人物だったらば、あるいは西郷軍が勝ったかも知れない。

本書第一章で描いた勝海舟との会談で勝に心服した西郷は、第二章で描いた三年半後の江戸無血開城に際して二度目の勝との会見を行ない、ほとんど独断で、東海・東山・北陸の三軍に進軍中止命令を出した。いったん勝海舟を信頼すると、西郷はここまで信を貫く人物だったのである。

また、第二章で見た鳥羽・伏見の戦いの直前に、西郷は前年の土佐藩倒幕派との約束を守って、谷干城を呼んで、戦いが始まるから至急板垣退助に使者を送るよう忠告している。この西郷の義理堅さがなかったら、主戦派と中立派に分かれていた土佐藩は、戊辰戦争後その影響力を激減させたに違いない。

さらにまた、第四章で検討した廃藩置県に先立つ薩・長・土三藩による御親兵の結成に際しても、当初政府が考えていたのは薩長二藩による御親兵であり、極言すれば西郷隆盛が薩摩藩兵を率いて上京してくれれば、それでよかったのである。このとき、土佐藩兵も加えようと主張したのは西郷自身であり、おそらくは戊辰戦争での板垣率いる土佐軍団の活躍を多としての提案だったろう。

並はずれて信義に厚い西郷のような人物は、他人も自分と同様に信義に厚いはずだと思いがちである。鹿児島の西郷軍が兵を挙げて熊本城に向かい出発する四日前の二月十一日に、西郷は次のように語ったという。

十年二月十一日、日照後雨、寒冷。……西郷曰く、川村〔純義、海軍大輔〕は十に四、五は我がものなり。熊本には樺山資紀〔鎮台参謀長〕あり、肥境〔熊本県境〕に我軍進まば、一、二大隊の台兵は我に帰すべし、……。(市来《いちき》四郎『丁丑擾乱記』)

市来は当時、鹿児島に在って西郷軍の動向を見聞していたし、この史料自体は日記ではないが冒頭の「日照後雨、寒冷」の一文からわかるように、自分の日記をもとにして書かれたものである。西郷がこういう発言を作戦会議で行なった可能性は、きわめて高いと言えよう。

本書第四章の台湾出兵に関するところで指摘したように、台湾出兵が日中戦争に発展しようとしていた明治七年九月、川村純義は三条太政大臣に、鹿児島の西郷隆盛を呼び返して「元帥」に任命し、「両軍統轄」の最高司令官にすることを建言していた。七年九月といえば西南戦争勃発のわずか二年五カ月前である。挙兵に当たって西郷が海軍次官の呼応を期待したのには、十分根拠があったのである。

また熊本鎮台参謀長の樺山資紀は、同じく本書第四章で引用した谷干城鎮台司令長官の言にあったように、西郷の片腕桐野利秋の腹心として台湾に赴いて、報告書を熊本鎮台に提出していた。西郷や桐野が熊本城に近づけば、城内の歩兵三大隊を率いる樺山が西郷側に寝返る可能性はもっと高かったと思われる。幕末激動の時代以後の彼の行動から考えて、西郷自身が川村や樺山の地位にあったら、おそらくみずから軍艦や鎮台兵を率いて、西郷の救援に駆けつけたであろう。同じ作戦会議で鹿児島県令の大山綱良がいった次のような楽観論を、西郷も共有していたものと思われる。

熊本にては五ツ組の料理にて待つ位いならん。馬関（下関）にては川村らが迎えの汽船あるべし。面白く花を詠《なが》めて上着すべし、……。（同前書）

二月中旬に兵を挙げて熊本城を落として下関で迎えの軍艦に乗るのだから、ちょうど桜花の盛りの瀬戸内海を大阪に向かう船から眺めることになろう。

しかし、もちろん樺山は寝返らなかったし、川村海軍次官も迎えの軍艦を下関に派遣してはくれなかった。他人も自分同様に恩義や信義に厚いものだと、勝手に思い込んだ西郷隆盛の読み違いだったのである。

しかし、川村純義や樺山資紀が西郷の期待を裏切ったのは、彼らが海軍次官や鎮台参謀長として、時間とともに体制化して本来の理想を忘れたためだけではない。いくら西郷との信義を重んじても、大義がなければ、軍人は組織に刃向かえない。

この場合の大義とは、当時も東アジアの最大の強国だった中国との一戦であった。明治七年九月に、川村が西郷を政府に復帰させて最高司令官にしようとしたのは、いまにも日中戦争が勃発するかも知れないという状況下にあってのことであった。また、樺山資紀が桐野の熊本鎮台司令長官時代に台湾調査に当たったのも、近い将来の台湾出兵のためであり、それは明治七年に実現していた。

本書第四章で記したように、日中関係の緊迫化は七年十月末の日中両国間互換条款で解消に向かい、明治八年の江華島事件による日韓関係の悪化も、翌九年二月の日韓修好条規により一応の解決を見ていた。明治十年二月に西郷隆盛が兵を挙げた時には、対中関係も対韓関係も、しばらくは鎮静に向かっていたのである。

すでに記したように、西郷と大久保の違いは「富国強兵」か「富国強兵」かにあり、一言でいえば東アジア政策の相違だけにあった。木戸孝允の「立憲制論」は、木戸がまだ「攘夷論」者であった一八六四年（元治元）に、すでに西郷が「共和政治」という表現でその必要を認めていた。

その唯一の相違であった東アジア政策が、日中関係、日韓関係の鎮静化で争点化が困難になったとき、じつは西郷としては挙兵の理由がなくなっていたはずである。この点に関しては、西郷の正式挙兵の約一週間前に大久保利通が密偵の報告を伊藤博文に伝えた、次の手紙が参考になる。

この度の暴挙は必ず桐野已下《いか》斑々《はんぱん》の輩において則決せしに疑なく、その証は、……一月下旬頃は西郷は日当山へ入湯いたし居り、桐野〔利秋〕宅へ壮士輩昼夜を分たず頻りに相廻り、西郷兼ねて、〔政府は〕外国と必ず事を起こすに相違なく候に付きその節は断然突出云々、桐野これを評して、その説古しと嘲笑せしとの事もこれあり候。これらはいかにも実情らしく候。

（明治十年二月七日、『大久保利通文書』第七巻、488頁）

大久保や木戸との唯一の路線対立であった、対東アジア強硬外交の根拠を失った西郷の反乱には、政府内の陸海軍の呼応はなく、西南戦争は実質的には約二カ月で勝敗がついたのである。

東アジア政策の相違を争点化できなくなった上での西郷ら旧薩摩軍団の反乱は、いわば「革命軍の反乱」であった。彼らは明治元年に徳川慶喜の武力行使を鳥羽・伏見で阻止した維新革命軍であり、廃藩置県で封建領有制を廃止するときに睨みをきかせた近代化革命軍であった。

もはや西郷に残されていたのは、これらの革命を支えた旧薩摩軍団の言うことを聴け、ということだけであり、しかも対外戦争という要因が消えてしまった以上、じつは彼らとしても具体的に「言うこと」を持ってはいなかったのである。この観点からいう時、蹶起に当たって西郷陸軍大将、桐野陸軍少将、篠原国幹陸軍少将の三人が連名で鹿児島県知事に提出した次の一文は、彼らの意図をはからずも語っているものであった。

拙者ども事、先般、御暇の上非役にて帰県致し居り候処、今般政府へ尋問の筋これあり、不日に当地出発致し候間、御含みのためこの段届出で候。もっとも旧兵隊の者ども随行多人数出立いたし候間、人民動揺いたさざる様、一層御保護御依頼におよび候也。

陸軍大将　西郷隆盛
同　少将　桐野利秋
同　少将　篠原国幹

鹿児島県令　大山綱良殿

（『伊藤博文伝』中巻、69頁）

一万五〇〇〇人におよぶ「旧兵隊」（もっとも明治元年の戊辰戦争の経験者は、そのうちの一五パーセント前後だったらしい）が大砲を引いて上京する理由は、「政府への尋問の筋これあり」だけだったのである。木戸孝允が、「兵隊の驕慢は恰かも病後の薬毒の如し」と評したのは、「病」が戊辰戦争と廃藩置県と考えれば、まさに的を射た指摘であった。この二つの「病」に強い薬（薩摩軍団）を使いすぎたので、いまその薬害が出てきているのだ、というのである。「革命」が勝利して目的を失った「革命軍」の反乱にすぎなかったとはいえ、西郷率いる薩摩軍団は、戦闘では簡単には敗けてくれなかった。

政府軍を総動員すれば鹿児島一県の反乱を鎮圧するのは簡単なはずだが、熊本鎮台以外の五鎮台（広島、大阪、名古屋、東京、仙台）から海路を使って兵士や武器を送るのには時間がかかる。当面は熊本城に立て籠る二四〇〇の将兵で西郷軍を迎え討たなければならない。反対に一万三〇〇〇とも一万五〇〇〇とも言われる西郷軍は最初から歩兵五大隊、砲兵二大隊を整然と編成し、陸路で同じ九州の熊本城に向かったのである。

二旅団約四〇〇〇名の政府軍が神戸から船で福岡に着いたのは二月二十二日であり、この二旅団が熊本に着いた時には、陸路進軍してきた西郷軍が田原坂などに堅陣を布《し》いており、熊本城とは連絡さえままならぬ状態だったのである。

しかし西郷軍のほうも、天下の名城と言われる熊本城を陥落させることはできなかった。三月十三日付で右大臣岩倉具視が大久保利通に送った手紙の次の一文は、城側と西郷軍側の膠着状態をよく示している。

西陲の賊は慓悍《ひようかん》奮進、ただ死あるを知るのみに、当るやいわゆる丸と柵とにて、吾は器械を以て当るを上策とす。昨今戦争の模様、彼果して散兵、狙撃、抜刀、接戦、彼の長所なり。我が将校士官、もとより力ら彼に十倍すといえども、徴募兵の力、彼の長所に当るに難しとす。

（『大久保利通文書』第八巻、16-17頁）

戦闘に長ずる薩摩軍団と、堅城の「柵」から「丸」すなわち弾丸を発射する「徴募兵」（徴兵された平民兵）の均衡状態が、よく描かれている。

西郷軍に包囲された熊本城の糧食の窮迫ぶりは、将兵は粟飯二回粥一回、文官は粟飯一回粥二回という割当てによくあらわれているが、包囲する西郷軍も次々に補強されてくる政府軍に対し、次第に劣勢になっていった。熊本城さえもちこたえれば、時間は政府軍の味方だったのである。

四月十五日に、八代海から上陸してきた政府の第二軍（背面軍）が熊本城に入城したとき、西南戦争は政府軍の勝利に終わった。その後、九月二十四日の城山陥落までの五カ月余の戦闘は、もはや「内戦」ではなく「掃蕩作戦」にすぎなかった。幕末・維新の英雄西郷隆盛は、桐野利秋、村田新八、別府晋介、辺見十郎太などの戊辰戦争以来の将兵一六〇名とともに、九月二十四日にこの世を去ったのである。

その最晩年の四年間が、征韓論争、台湾出兵、江華島事件と東アジアの緊張の連続であり、西郷は一貫して強硬論者として知られていたから、後世の人々は西郷を「アジア主義者」として尊敬し、あるいは嫌悪した。しかし、本書全体で明らかにしてきたように、彼は相当の欧化主義者であり、「富国強兵」はもちろん立憲政治の必要も十分に理解していた。

政治家はよく、自己の評価は後世の史家に委ねるというけれど、西郷の事例は後世の史家ほど当てにならない者はないことを示している。

2 木戸没後の木戸派

西郷派は西郷の死によって壊滅したが、木戸派は、明治十年五月二十六日の木戸の死去後に、逆に繁栄に向かった。明治四年（一八七一）の末に薩摩の政商五代友厚が記した次の一文は、木戸亡き後の木戸派の繁栄の一因を示唆している。

大和尚（西郷隆盛）は、所持の山林その樹木、当時役に立たず。大隈、木戸の林は、山林中に良材あって助ける故に、日々盛えりと云えり。

（十一月十三日付、『五代友厚伝記資料』第一巻、162頁）

木戸孝允没後の伊藤博文、井上馨、山県有朋らの活動を見れば、よく納得がいく指摘である。より政治史的に見れば、木戸派にとっては政敵西郷隆盛の死による利益が、自派の最高指導者の死による損失を償ってあまりあった。

ふり返って考えれば、明治維新以後の木戸派の盛衰は、いつも西郷派のそれと反比例してきた。井上馨がみずから実権を握っていた大蔵省を追われたのは、岩倉使節団の留守を預かった西郷隆盛政権の時であった（明治六年六月）。翌七年五月に木戸孝允が参議を辞任したのは、政府内部と鹿児島の西郷派が結託しての台湾出兵に反対してのことであった。

逆に、木戸派が明治八年初めに「芋を一除」しようと「大阪会議」を仕掛けたのは、台湾出兵が決着した時であり、同派が再度政府内で孤立したのは、同年九月の江華島事件の勃発によってであった。鹿児島の西郷の動向が気になって、政府内の薩派に妥協せざるをえなくなったのである。これらの経緯から、明治十年の西郷の無暴な決起が木戸派を活気づけたことは、容易に理解できるであろう。

ドイツ公使としてベルリン滞在中の青木周蔵が、木戸の死去を聞いたときに伊藤博文に送った手紙は、西郷劣勢への歓喜に近い感情と自派の総帥木戸孝允の死への悲嘆とが同じ一通の手紙に記されたもので、その微妙なバランスも含めて、きわめて興味深いものである。彼はまず、西郷軍の敗北を前提にして、その後の処置を次のように論じている。

> 時に「バル」的芋賊らなお悔悟降伏の模様にもこれなく、日隅（日南、大隅）辺陲において引続き抗戦罷《まか》り在り候由、……勿論賊徒降伏の日は、いわゆる寛大の文字御聴入れこれなき事と存じ候えども、到底一日も早く膺懲《ようちょう》の功行届かせられ、明治十一年よりは三十五県の政治純然一途の方嚮《ほうこう》に帰し候様、祈るところに御坐候。
>
> （六月二十九日付、『伊藤博文関係文書』第一巻、43頁）

これまでも西郷派を「芋」と表現した史料はいくつか紹介してきたが、〃バーバリアン的芋賊〃は初めてである。木戸派は西郷派をそこまで憎み、かつ軽蔑していたのであろう。西郷派が降伏した時には一切の「寛大」処分論を聴き入れず、鹿児島の〃独立王国〃を普通の県に降格させ、全国統一を完成しようというのである。

青木の西郷派に対する態度は徹底鎮圧であったが、「民権派（民撰議院派）」に対するそれは両義的であった。彼はこの派を「文明開化狩の猟手」と位置づける。「猟手」とは、「狩師」の命によって獲物を草木の中から追い出す「勢子《せこ》」のことである。飛び出してきた獲物をしとめるのは、「狩師」たる長州グループである。これらの「民権派」をむやみに弾圧したら、「文明開化」は進まないというのである。

西郷派を「バル的芋賊」と呼び民権派を「勢子」になぞらえる長州派（木戸派）のエリート意識は相当なもので、すぐには信じがたいかも知れないので、一応証拠を挙げておこう。

高知の近況はいかがに御坐候や。三千五百万の人民中には、あるいは共和の政体を慕い、または単に民権を主張いたし候者、高知県の外にも多々これあるべく候えども、これらは等しく文明開化狩の猟手に御坐候間、強いてこの徒を抑圧いたし候ては、狩師かえってその獲を脱するの理に類し申すべし。したがって朝廷にも、みだりに彼らを圧倒成させらるべき義はこれなき事と存じ奉り候。（同前書、同頁）

しかし青木は、高知の民権派に対しては、西郷らに次ぐ武力を隠し持つものとして特別の警戒を忠告している。彼は新聞情報で板垣ら旧土佐藩兵、いまの高知県士族が「八千余の銃貯蓄これあり候由」を知り、鹿児島鎮圧の帰りに軍隊を差し向け、全部没収することを勧めている。

板垣退助が結成した立志社は、明治十年代の政治史では自由民権運動の中核結社であるが、その前の戊辰戦争から廃藩置県を経て征韓論分裂にいたる明治元年から六年にかけての歴史の中では、薩摩、長州に次ぐ第三の「革命軍」（本書第四章での「第一官軍」）だったのである。鹿児島と高知を武装解除し、その他の地方の民権運動は「勢子」として育てるというのが、青木周蔵の提言だったのである。

西南戦争が片付き、青木が次の時代への青写真作りに興奮していたときに、彼は自分も含めた長州倒幕派の総帥とも言うべき木戸孝允の死を報じられた。それに関するこの手紙の一節は、どう理解すべきであろうか。

松菊〔木戸孝允〕春来不良勝ちのところ、五月廿六日終に薨去《こうきょ》相成り候由、公私の為め実に遺憾止むとき御坐無く候。……弟義も御承知の通り、亡翁厚庇中の壱人にて、従来容易ならざる眷顧《けんこ》を受けおり候ところ、薨去の際長別をも告ぐを得ず、千万々々残念に御坐候。はたまた同翁の遠行は、全国ポリシー上においても多少関係の義これあり、あるいは桔槹《けっこう》〔バランス〕偏勝の気味もこれあるべく存候ところ、これらの義、今日より閣下〔伊藤博文〕ならびに世外兄〔井上馨〕の方寸にて御斡旋これなくては相済まず候に付、御無異にてますます御勉強下さるべく、国の為め祈り奉り候。（同前書、44頁）

木戸孝允の恩顧を思い出し、心からその死を悼んでいる手紙には違いない。しかし、その死によって長州派の勢力が失墜すると、本気で思っている手紙ではない。いま引用した箇所には伊藤、井上の名前しか出てこないが、引用しなかった箇所には品川弥二郎、山県有朋、山田顕義、三浦梧楼ら、長州派軍人の活躍を祝している。

明治四年に薩摩の五代友厚が口惜しがったように、木戸の山林の中には良材がたくさんあり、それらは木戸の死によってかえって押えがなくなったように、各分野で活躍していく。西郷の死が西郷派の終焉であったようなことは、木戸派には起こらなかったのである。

青木の手紙の中で、伊藤博文とともに木戸歿後を担う人物として名前の挙がっている井上馨は、すでに記したように当時ロンドンで勉学中であった。ロンドン滞在中も井上は、大阪会議以来の、漸進的立憲制移行論に磨きをかけていた。西南戦争勃発直後に病中の木戸孝允に宛てた手紙の中で、井上は次のように木戸を叱咤している。

> たとえ御病身たりとも、いまだ御年令五十に満たず（四十五歳）、御生涯の一事務は、終に立法行政を判然し、コンチチューション・オブ・モナーキ〔立憲君主制〕の編製相立、中央権これを殺《そ》ぎ、人民名代らと政を議する様相成りたらば、人民職業に政府よりの害を蒙らざる様の習慣相付け候ばかりと存じ奉り候。

（三月二十八日付、『伊藤博文関係文書』第一巻、152頁）

先にも触れたように、井上の手紙は内容豊富であるが文章は時々乱れる。要約すれば、まだ五十歳にもならないのに、いくら病気だといっても、「生涯の一事務」と自分で決めた「立法行政を判然」と区別した立憲君主制の確立を諦めていいのか、と木戸に迫っているのである。「コンチチューション・オブ・モナーキー」を「立憲君主制」と訳したが、すぐその後に「樹立」とか「確立」とかが来ないで、「編製」が来ているのは少し変である。ここは「欽定憲法の編製」の意に取ったほうがいいかも知れない。そうならば、すでに第五章で見た明治五年一月のワシントン到着以後五年間の、木戸の「御生涯の一事務」であった。

この手紙で注目されるのは、木戸の「生涯の一事務」は、今や木戸本人よりもその弟子の井上馨のほうがよく知っているという点である。しかも、西南戦争勃発直後というこの時点で、憲法制定という一大事業には数年はかかるし、かかって構わないと言い切っている。井上はこの決意を次のように木戸に告げている。

生は、何れにしても三カ年間は留学仕り候わでは相叶わず候間、色々新工夫もこれあり候間、先ず三カ年間〔は〕土地人民合わせて消滅も仕らず候事は必然に候間、〔帰国の上は〕屹《きっ》度《と》老台の手足と相成り、生涯の目的を達せずんば死すとも瞑目は為さず候……。

（同前書、同頁）

ロンドン滞在中の井上が、欽定憲法を作り、行政と立法の権限を明確に区別し、その上で「中央権これを殺ぎ、人民名代らと政を議す」と明言している以上、木戸派の路線は木戸没後にも継承されることは明らかであった。

この観点からすると、この約四年後に井上が福沢諭吉に、政府は国会を開くつもりであると告げたのはあまりに当然であった。それを聞いて驚いた福沢のほうが、木戸派の内情に疎かったのである。

しかし木戸派、とくに井上馨の基本政策は、立憲制の導入だけではなかった。すでに第三章で見たように、彼は健全財政論者としても有名であった。その井上に、本国で大久保を助けて西郷反乱を鎮圧した直後の伊藤博文から、内乱鎮圧による政府財政の困窮を告げる手紙が送られてきた。西南戦争による財政困難は、次節で記す大久保没後の大久保派の動向にも直接関係する。さらに、経済史の専門家ではない筆者は、こういう手紙から財政問題の概要を素人なりにつかんできたので、ここでも伊藤の言うことに耳を傾けてみたい。

ただただ、乱後の処分には随分難事百出仕るべくと、それのみ苦慮罷り在り申し候。会計の事も定めて御案じと察し奉り候。

征討費の高、すでに三千八百万円に上り候ところ、即今その不足に充たし候には、なお八百万円これ無くては相成らず、惣額は彼是れ五千万近く相成り申すべく候。……実に莫大の巨額に到り、これにはほとんど当惑千万に御座候。しかしながら目下はいかようとも凌《しの》ぎ方相着け申すべし。前途のところを推考いたし候へば、頗る戦慄の至りに御座候。

（十月六日付、『世外井上公伝』第二巻、756頁）


一方で大阪会議以来の政敵西郷隆盛が西南戦争で玉砕し、他方で破綻目前の日本の財政が根本的建直しを待っている状況の下では、井上もロンドンでゆっくり勉強に専念してはいられなくなった。西郷が自決した二週間後には、井上は伊藤に手紙を送って、すぐにも帰国命令を出してくれるよう依頼している。

木戸亡き後に立憲制と健全財政の路線を担おうと帰国を決意したとき、井上の立憲制論は、明治八年の大阪会議前後や、いま紹介した明治十年三月の頃より、幾分保守化したように感じられる。

十年三月の木戸宛て書簡では、「中央権これを殺ぎ、人民名代と政を議」す、とあったのが、十一年二月の山田顕義宛ての手紙では、「非常なるレポブリカン〔共和主義〕にあらず、また非常に人民の権を強め、政府は些少の権を掌握し人民の異見に依って政治を為すにあらず」に変わっている。単なる表現の違い、手紙の相手の違いにすぎないのかも知れないが、木戸の地位を継ぐという責任の重さからくる慎重さの増加だった可能性も否定できない。

西郷軍の敗北を知って本国の伊藤に帰国命令を催促していた井上は、明治十一年五月十四日に大久保利通が暗殺されると、そのわずか十九日後にはロンドンを立ち、七月十四日には帰国した。「急ぎ帰朝せよ」という電報が薩摩の黒田清隆と長州の伊藤博文の連名で来たためというが、いちばん急いでいたのは井上自身だったに違いない。

3 西南戦争後の「富国」派

明治九年三月に日韓関係の危機が回避されたときに、内務卿大久保利通が、これからは殖産興業の時代であると自信を回復したことは、すでに第六章で見た。その期待が西南戦争という最大の内乱で再度裏切られたにもかかわらず、反乱を鎮圧した大久保は、明治の最初の十年は「兵馬騒擾」の時代であったが、次の十年は「内治を整ひ民産を殖する」殖産興業の時代であると宣言した(御厨貴『明治国家形成と地方経営』、2頁)。

大久保内務卿、大隈大蔵卿、黒田開拓使長官(北海道)、伊藤工部卿らの手になる殖産興業政策の経済的効果については、現在新しい実証的研究が進行中であり、その成果を政治史に組み込めるようになるのはもっと先のことであろう(たとえば高村直助編『明治前期の日本経済』、二〇〇四年刊)。

ただ、政治の動向を左右する短期的な経済要因としては、国民の生活を豊かにしたのは「上からの工業化」ではなく、そのためのインフレ財政のほうであった。

「上からの工業化」は、確かに国民に「希望」は与えた。それは明治十一年(一八七八)五月の、起業公債一二五〇万円の募集への国民の反応にあらわれている。額面一〇〇円、募債価格八〇円、年利六パーセントのこの公債に対して、応募金額は二倍弱の二四七七万円余に上ったのである。

募債価格は額面の八〇パーセントであるから政府が手にした産業化資金は一〇〇〇万円で、これを内務省と工部省に四五〇万円、(北海道)開拓使に一五〇万円分配したのである。官営工場と道路と港湾(内務省)、京阪間鉄道や鉱山(工部省)、北海道炭坑(開拓使)などが主な開発目標であった。内務卿が大久保、工部卿が伊藤、開拓使長官が黒田で、財布の紐を握る大蔵卿が大隈重信であったことを考えれば、明治十一年は大久保グループの時代だったのである。

しかし、先に記したように、明治十年の西南戦争に先立って、政府は唯一の国税であった地租を一七パーセントも減税した。年間七〇〇万円弱の減収である。その上、同戦争にかかった費用は、先に引用した伊藤の手紙によれば五〇〇〇万円弱であった。本来ならば減税ではなく、増税しなければこの戦費を捻出できないところを、逆に減税したのである。

明治十一年初めの財政状況の下では、鉄道を布設し港湾や道路を開き、北海道を開拓することなど、思いもよらなかったはずである。巨大な財政赤字を抱えたままで、将来この一二五〇万円の公債をどうやって償却するつもりだったのであろうか。それにもかかわらず、時代には流れというものがある。この公債に二倍近い応募者がいたことが、それを如実に物語っている。

「富国」時代の到来は、陸軍すらも巻き込んでいた。明治十一年度予算に関する陸軍省の上申書は、戦前日本の軍部の予算要求の中で、もっとも腰の引けたものであった。

> 務めて百方庁中の諸費を節略するの胸算を以って概計を調査するに、十一年度予算上においておよそ九拾万円の不足を生じ、到底統理の目途を失わんとす。……そもそも内務、工部などにおいて農工商業を勧め、または電信鉄道などを起こすがごとき事業は、創立の際一時

許多《あまた》の費額を要するも、必ず数年の後ちを期して償却するの道あるのみならず、官民の間につき得るところの利益また果して僅少ならざるべし。独り陸軍の費用に至っては全くこれに反し、あたかも水火の中に投ずると一般にして、たとえ幾多の年月を経過するも糸毫《しごう》の償却を得るの理あることなし。故に偏えに計算上のみを以ってこれを論ぜば、いわゆる無用の長物に属し、あるいは軍隊解散の議にわたらんとする者あり。（『大隈文書』第三巻、336頁）

もちろん、陸軍省が軍事費を「あたかも水火の中に投ずると一般〔同じ〕」と考えていたわけではないし、「軍隊解散」論を唱えていたわけでもない。陸軍省が言いたかったのは次の一文である。

国家保護の職任を忘れざる以上は、前議決して行うべからざるなり。……邦内〔国内〕や寧静に復するも、東洋近日の形勢を察するに、以って真に太平無事なりとして経過すべきの時にあらざるに似たり。（同前書、同頁）

それにしても、一方で内務、工部両省が各四五〇万円を起業公債から得ているときに、たかだか九〇万円の予算増加を得るために、ここまで「内務、工部二省」の事業を賞めたたえるのは尋常ではない。明治十一年という年は、それほどまでに「強兵」に不利で、「富国」に有利な年だったのである。

「富国」が主で「強兵」が従であることを言論界で主張したのは、福沢諭吉であった。彼はこの年九月に刊行された小冊子の中で、「国権興張の源は財に在る」として次のように論じている。


第六章、国を富ます事。国権を主張し、内外の事情を詳《つまびら》かにして、外国人の智徳共に恐るるに足らざるものとするも〔第一章─第五章の要約〕、国財の力乏しければ結局他の下流に出でざるを得ず。……財あれば、武器を作り、またこれを買うべし。兵士を養い、またこれを雇うべし。またあるいは、今の鄙劣《ひれつ》なる世界においては、いわゆる公議輿論をも銭を以って買うの手段なきにあらず。（『福沢諭吉全集』第四巻、631頁）

前章で見た明治九年四月の大久保利通の「国本培養に関する建議書」と、この福沢の指摘を比べてほしい。大久保は国家の「実力」について語り、福沢は「国権興張の源」について説いているのである。

西南戦争の翌年（明治十一年）の五月十四日に、このような「富国」路線の中心的推進者であった大久保利通が、金沢の征韓派士族ら六人の刺客によって暗殺された。四谷の今の迎賓館にあった仮御所に参内しようとして赤坂見附の弁慶橋を渡ったところ、今のホテル・ニューオータニの少し手前での事件である。維新の元勲で「富国」派の最高指導者であった大久保の死が、「富国」路線に打撃を与えたことはもちろんである。

たしかに「富国」派は、「立憲」派と同じく人材を集めていた。大蔵卿大隈重信、開拓使長官黒田清隆、大阪財界の五代友厚らは、大久保亡き後も積極財政による殖産興業路線を進めていった。

「富国」派にとっての人的な不安要素は、肥前（佐賀）藩出身で大久保の右腕であった大隈重信に、大久保ほどの信望がなかったことである。大久保の死の一週間後に、五代友厚の配下の森山茂が五代に送った手紙には、この点に関する懸念が詳細に記されている。

彼は、いまの政府には「才人」のみ多く、「才」と「徳」を唯一人兼備していた大久保は今は無いことを嘆く。次に森山は、同じく「徳」を欠く二人の「才人」、すなわち大隈と、近く帰国する井上馨は、ともに財政を専門とするから、「両雄相争」うのは必然であると説く。

その上で森山は、大隈が井上を抑えて大久保の遺志を全うするためには、これ見よがしの贅沢を改めなければならないと説く。そこに描かれている大隈の贅沢は、にわかには信じがたいほどのものなので、森山の描写を引用しておこう。

世間の評を以てすれば、同公〔大隈公〕の華奢は、王后親王といえども敢《あえ》て及ばず。家屋の美は我邦未曾有の仕立にて、すでに壁に珊瑚を塗り込み、座に錦繡《きんしゅう》を連らね、実に驚歎せしむるばかりなりと。

（『五代友厚伝記資料』第一巻、300頁）

このような豪勢な生活振りが世間の非難の的にならなかったのは、大隈の上に大久保がいたからである、と森山は続ける。しかし、いまや大久保が暗殺され、大隈がみずからその後を継がなければならなくなった以上、「天下の耳目必らず同公に対し、あるいは花奢と云い、収斂と云い、種々議論を来たすべし」と、森山は五代に忠告しているのである。

森山は五代を通じてしか大隈に勧告できなかったが、『五代友厚伝記資料』には、五代友厚直筆の大隈に対する苦言が残されている。年月日は不明であるが、内容からいって、明治十一年七月末から翌十二年八月までの一年間のどこかで書かれたものに間違いない。また、この文書が実際に大隈に送られたものかどうかもはっきりしない。

しかし五代は、政府に入ったことはなくとも、大隈や黒田に次ぐ大久保配下の有力者であった。しかもその苦言の内容も、森山のように贅沢批判にとどまらず、大隈の政治姿勢にも関するものなので、大久保没後の「富国」派の内情を知る上で見逃すことのできないものである。

五代はまず、明治十年から十一年にかけての大変化を次のように要約する。

維新の中興すでに成り、明治の功臣始めて朝に立つの日に方《あた》りてや、西郷・木戸・大久保の三氏を以て当世の三傑と称し、……天下公衆をして実権の大臣を以て目せしめたりしが、尓来《じらい》物変り星移り、西郷氏は私学校と手を携えて城山に情死《ママ》し、木戸氏は病に冒されて不還の途に上り、続いて大久保氏も紀尾井坂頭の腥血《せいけつ》に化し、政府全くその首領を失うに至れり。（第四巻、157頁）

ついで五代は、この維新の三傑を継ぐべき者として伊藤、井上、黒田の名が世間で挙げられながら、初めに来るべき大隈の名前が挙がってこないのはなぜかと問う。

我儕はひそかにおもえらく、……大隈大蔵卿は当時参議の上席に列して、しかも凡庸の人にもあらず。その実権は、すなわち同君に帰せらるは順序なるべしと。しかるに何ぞ図らん、特《ひと》り伊藤君が名声の赫々《かくかく》たるは、飛禽《ひきん》も為めに堕るが如く、君のごときは音もなく臭もなく、ほとんど大木〔喬任〕、寺島〔宗則〕二君の風采を学ばんとするが如し。（同前書、同頁）

佐賀出身の司法卿大木喬任はともかく、薩摩出身で外国事情にも詳しかった寺島宗則が、そんなに凡庸だったのであろうか。

この文書が明治十一年七月末から翌十二年八月までの間に書かれたものであることは、先に記した。しかし、大久保没後すぐに、ここまで長州の伊藤博文内務卿と、佐賀出身ながら背後に薩摩の支持を持つ大隈大蔵卿との差がついたとは思いにくい。明治十二年に入ってからの文書のように思われる。

問題は、五代の大隈批判が、大隈の専制的な振舞いに向けられていたことにある。後に記すように五代は典型的な「開発独裁」主義者であったから、彼は大隈に民主的政治家となれと言っているのではない。民衆的人気を得られる政治家になれ、と忠告しているのである。

五代によれば、大隈は功成り名遂げてからは保身的となって、政府内で自己主張をしなくなった。その反動として大隈は、自分よりも下の者に対しては、威張りまくると五代は批判する。すなわち、「君は上政府に向て屈せし所を以て、下人民に向って伸べんと欲するか。……大臣然たるを以て自ら任じ、人民を見る、犬馬のごと」し、と（同前書、158頁）。

これに対し、大隈のライバルたる伊藤博文は次のように描かれる。

あたかも伊藤君のごとく、上政府に向っては、……自ら進んでその責に任じ、下人民に向っては、博く衆意を容れ、良しやこれを容れざるも、これを容るるの状を示し、世人をしてその門を過ぐるに憚《はばか》るの色あること無からしめば、君が、威権と人望とを併取して、廟堂の実権を掌握するにいたるべきや、更らに疑を容れざるなり。（同前書、同頁）

「上からの工業化」をめざす「富国」派は、その妨げになりかねない立憲制の導入には消極的である。その分だけ、その指導者は、政界、官界、実業界、言論界、さらには国民レベルでの「人望」が必要である。かつてこの派のリーダーだった大久保利通が持っていたこの資質は、その後継者たるべき大隈にではなく、その政敵たる伊藤博文に受け継がれていることに、五代は強い懸念を抱いていたのである。

（毎日新聞社提供）

第八章

立憲派の後退

大隈重信（1838-1922）

佐賀藩の藩政改革に携わった後、明治３年に参議となる。明治政府の財政政策を一身に担ったが、同14年、薩長勢力と対立して免官された。明治31年には板垣と憲政党を結成して、最初の政党内閣を組織した。早稲田大学の創立者でもある。

1 「富国」派のライバルの帰国

大久保暗殺のわずか二カ月後の明治十一年七月十四日に、大阪会議（第五章参照）以来の「富国」派のライバル、井上馨がイギリスから帰国した。「富国」派の五代は、まだ井上が帰国の途上にいる時から、警戒感を露わにしていた。彼は、大隈の隣家に住み、その秘書役を務めていた北畠治房に手紙を送り、大隈に伝言を依頼した。

清盛入道（井上馨）本月中旬ごろには帰朝いたし候由、その内、大略の運びまでには居付置申さず候わでは、彼また防禦の手術を尽し申すべきか。余事は捨て置き、この事に御尽力肝要に存じ奉り候。

（七月八日付、『五代友厚伝記資料』第一巻、305頁）

この短い文章だけからは詳しいことはわからないが、当時司法省判事だった北畠を動かして、井上の帰国前にその旧悪を暴露しようとしたものと思われる。

同様の動きは天皇側近の侍補の間にもあった。侍補の佐々木高行は、侍補一同で太政大臣や右大臣に、井上の工部卿任命を阻止しようとしたと、その日記に記している。その日記中の次の一節は、これまで見てきた「富国」派と「立憲」派の対立を裏付けるものとして重要である。


この月、井上馨、参議兼工部卿に任ぜらる。……岩〔倉〕公より高行らに内話あり。井上の議は世上議論もありつるより内閣にても種々評議せるに、大久保在世中その議すでに決したるを以て、ついに御宸断《しんだん》を乞い奉りたるに、御登用との御沙汰にて決定せりと。……大久保在世中云々は虚言と考えらる。一同も同考なり。大久保在世の時は、井上を用いられ候事は拒みたる模様なりき。既に高行も大久保の井上を忌み嫌うの口気は、親しく聞けり。

(『保古飛呂比　佐々木高行日記』第八巻、141 - 142頁)


積極財政論者で立憲制導入に消極的だった大久保が、健全財政論者で立憲制導入に積極的だった井上を好んだはずはないから、筆者はこの佐々木高行の記述に同感である。

本書第五章以降、筆者は、同じく「内治派」と言っても「富国」派は立憲制導入には消極的だったと論じてきたが、あえて立憲制導入には「反対だった」とまでは書かなかった。そこまで明言する史料がなかったからである。しかし、先に引用した五代友厚の北畠宛ての手紙は、この点を明言しているものとして、筆者にはとりわけ重要な史料である。彼は、この手紙の直前に元老院が起草した「日本国憲按」(六月二十日起草)について、森山茂を通じていろいろ探りを入れた結果をもとにして、次のように北畠に書き送っている。

民権云々の論〔元老院草案〕、真にこれを主張する仁有らず、立権〔憲〕政体云々の御布告〔明治八年の詔勅〕に適するまでの趣意なり云々を申越したりと。その内、伊藤は、ほぼ人民を主張するの意あり。君主専政家は大隈卿壱人のみと云う論ありと。もとより我輩ごときも、民権には〔などは?〕開化の民の論ずるところ、我国のごとき野蛮は、専政を以て押付け、どこまでも開歩に引導候外これなしと存ずるを以て、大隈卿の論を可とすべし。……また清盛〔井上馨〕は、いよいよ人民の論を主張いたし帰朝候趣き、変転その術中の術なるべし。御隣家様〔大隈重信〕へ御咄《はな》し見下されたし。(『五代友厚関係文書』第一巻、305頁)

大久保亡き後を担う「富国」派の大隈と五代が、「専政を以て押付け、……開歩に引導」する「開発独裁」の立場を鮮明にしているのである。これに対し、「人民の論」の急先鋒は井上馨であり、伊藤博文も「ほぼ人民を主張する意」があるという。第五章で検討した明治八年の大阪会議前後の木戸・井上派の立憲制論と、第六章で見た大久保派の殖産興業論との対立図式が、明治十一年五月の大久保の死、同年七月の井上馨の帰朝によって、再現されようとしていたのである。

2 紙幣の暴落、米価の暴騰

しかし実際には、「富国」派と「立憲」派による政府分裂は、明治十一年には起こらなかった。慎重な伊藤博文が性急な井上馨を抑えたのか、井上自身が明治六年の大蔵省退官や同八年の大阪会議前後の民権派との提携などの失敗から学んだのか、おそらくはその両方であったろう。井上は自論の立憲制論をしばらく抑えて、大隈との協調につとめたのである。

井上の低姿勢には大隈自身も驚いたようである。五代のところに伝わってきた大隈の井上評は、次のようなものであった。

先般井印〔井上馨〕帰朝に付き、世間にても頻りに着目罷在り候形勢に相察せられ、また拙者どもにも、これまで彼の地〔英国〕よりも帰朝の面々の噂振り、または来状など模様を伝聞候ところにては、丸々英国人のごとく相成り、その勢を以て帰朝、当時の要路に向って論説これあり候ては如何かと、いささか掛念もいたし候……。

（『五代友厚伝記資料』第一巻、309頁）

大隈も、完全なイギリスかぶれになった井上の帰国を警戒していたのである。しかし、帰国後すぐに大隈を訪ねてきた井上は、噂《うわさ》と大きく違っていたと言う。

同人着後早速来訪につき、寛々《ゆるゆる》談話相洩《の》べ候ところ、かえって従前よりも着目実着に渉《わた》り、従前同人の得意にして施行これあり候事も、多少悔悟のはなしもこれあり候ぐらいの事にて、決て当時の政務上に波濤を起こし候ほどの事はこれなく、まず以て安心いたすべし……。

（同前書、同頁）

今や武力に物を言わせる西郷派が壊滅した上に、旧大久保派の大隈と旧木戸派の井上馨が協調していけるなら、政争の火種はなくなる。明治十一年七月から約一年の間の政治的安定ぶりについて、後に福沢諭吉は次のように回想している。

明治十年西南の戦争も片付いて後ち、世の中は静になって、人間がかえって無事に苦しむと云うとき、私がふと思付いて、これは国会論を論じたら、天下に応ずる者もあろう、随分面白かろうと思って、ソレカラその論説を起草して、……報知新聞の主筆藤田茂吉、箕浦勝人にその草稿を見せて、「この論説は新聞の社説として出されるなら出して見なさい。……世間で何と受けるか面白いではないか」というと、……大に悦んで草稿を持って帰って、早速報知新聞の社説に載せました。

(『福翁自伝』岩波文庫、286 - 287頁)

福沢の『国会論』が藤田と箕浦の名前で郵便報知新聞に連載されたのは、井上馨の帰国から約一年後の明治十二年七月から八月にかけてのことであった。その時の日本は、「世の中は静になって、人間がかえって無事に苦しむ」ほどに安定して見えたのである。

しかし、この安定は、表面上のことにすぎなかった。西南戦争の戦費に四二〇〇万円余の不換紙幣を発行したことが紙幣の価値を暴落させ、主要農産物であった米の値段を暴騰させたのである。

当時の日本の主要外貨は銀貨であったから、急激な輸出超過でもないかぎり、日本の銀価保有量は一定である（実際には、輸出超過どころか輸入超過が続いていたから、日本の銀貨保有量は一定どころか年々減少していた）。そういう時に四〇〇〇万円以上の紙幣を増発すれば、紙幣の価値は急減する。いままで買っていた外国製の機械や繊維製品の、日本紙幣での値段が急増するからである。

物価騰貴が舶来品だけに限られるわけはないから、米をはじめとする農産物の価格も急騰する。たとえば、明治十年には一石五円三四銭だった米は、十二年には七円九六銭に、十三年にはほぼ二倍の一〇円五七銭になっている。

わずか三年間で米価が二倍になれば、今日の日本なら国民生活は苦しくなるが、政府の税収は増加する。しかし、明治十年代の日本では、人口の大半は農民であった。米価が上がって困る農民はまずいない。

これに反し、政府は地租改正をほぼ完了しており、地租は法定地価の二・五パーセントに固定されていたから、米価が二倍になっても政府の税収は以前のままであった。法人税はもとより所得税もなかった時代であるから、国税は地租だけで、しかもその地租は物価変動の影響をまったく受けないように工夫されていたのである。

この制度は、不況になって米価が急落しても政府は従来通りの税収を確保できるという利点を持っていたが、インフレにはまったく無能な税制だったのである。

憲法も議会もない専制政治なのだから、地租を増徴すればいいと思うかも知れない。しかし専制政府というものは、制度的に国民的基盤がない分だけ、減税は簡単にできても増税はあまりやりたがらない。その上、明治十年代の日本には増税がやりにくい特殊な要因があった。現行の法定地価の二・五パーセントという税率は、すでに記したように明治十年一月四日の天皇の詔勅による減税で決まったものだったのである。

議会があれば、増税法案を提出して納税者（すべて地租の納税者）の同意を得れば、天皇の詔勅減税でも元にもどすことができる。地租納入者自身が増税に同意しているのに天皇が減税にこだわる必要はないからである。

しかし、明治十二、十三年には、もちろんまだ議会はないから、天皇の詔勅による減税を止めて逆に増税を行なうためには、増税の詔勅が必要であった。明治十年の減税をわずか三年間で中止して、地租率を二・五パーセントから元の三パーセントにもどすという詔勅を出せば、天皇自身が国民の怨嗟《えんさ》の的になる。これは明治政府の致命傷になりかねないから、政府は事実上増税を禁じられていたのである。

これを要するに、地租改正で地租を固定税としてしまったこと、西南戦争を前にして、その固定税の地租をさらに引き下げてしまったことが、不換紙幣インフレへの政府の対応を非常に困難にしていたのである。

反対に、農民は急に豊かになった。明治十年に地租が一七パーセントも軽減された上に、明治十三年には米価が二倍になったのに、税金はまったく変わらないのであるから、農民は確かに豊かになったのである。

先に記した大久保亡き後の旧大久保派と旧木戸派の協調の背後で、あるいは福沢が「世の中は静になって、人間がかえって無事に苦しむ」と表現した政治的安定の裏側で、紙幣の暴落が政府財政の危機をもたらし、米価の暴騰が農民の政治への関心を高めていたのである。

3　財政危機と旧大久保派の凋落

紙幣価値の下落は大蔵省保有の金銀の海外流出をもたらした。紙幣価値が銀貨の三分の二まで下がった明治十三年（一八八〇）には、「現今大蔵省の金庫に存在する金銀および地金などは、合計およそ八百万円」にすぎない状態に陥り、いまのままではあと一年で、同省の保有する金貨、銀貨、地金などはすべてなくなる恐れが出てきた（黒田清隆財政意見、明治十三年八月三十日付）。

当時、金銀貨、地金などをまとめて「正貨」と呼んだが、「正貨」なしでは紙幣の価値はさらに下がり、本当にそれがなくなれば、日本の紙幣で物を売る外国企業はなくなるであろう。いまの言葉で言えば、明治十三年には国際収支が極端に悪化したのである。このままでは殖産興業どころか、日本経済自体の破産にまでいたりかねない状態にあったのである。

こういう話は大袈裟に響くかも知れない。しかし、名目的な明治国家はこの年のわずか十三年前に誕生したにすぎず、実質的な中央政府にいたっては、わずか九年前の廃藩置県によって樹立されたばかりである。この九年間に、明治政府は台湾出兵を行ない、江華島事件に対する砲艦外交を行ない、農民に大減税を行ない、最後に、軍費四〇〇〇万円とも五〇〇〇万円とも言われる西南戦争に直面した。

しかもこれらの事件は、明治七年から明治十年（一八七四－七七）までのわずか四年間に集中して起こったのである。明治十年の西南戦争が終わったとき、工部卿の伊藤博文が今後の財政経済について、「前途のところを推考いたし候へば、頗る戦慄の至り」と記していたことを想起してほしい。伊藤の「戦慄」が、その三年後に現実のものとなったのである。

誰が考えても、危機打開策は三つしかなかった。外債募集か増税か財政緊縮かである。西南戦争の戦費調達のために増発した紙幣分の外債を募集すれば、増発された紙幣には金銀貨の裏付けができ、西南戦争以前の状態にいったんはもどるはずである。その後は、従来以上に殖産興業につとめて、輸出を増やし、舶来品の国産化に努めれば経済は回復し、さらに発展する。明治十三年(一八八〇)の五月に大蔵卿大隈重信が提唱した、五〇〇〇万円のポンド建て外債を償還期間二十五年、年利七パーセントで募集するという案がこれである。

政府にあっては、旧大久保派の参議黒田清隆、西郷従道、川村純義らがこの案を支持した。伊藤博文、山県有朋、山田顕義ら旧木戸派の参議は内心反対ではあったが、二年間にわたる薩長協調が壊われるのを恐れ、正面からの反対は試みられなかった。本来ならば旧木戸派の財政通の井上馨が正面から反対すべきであったが、政府分裂の回避のためか、矢面に立つのは避けたようである。

正面切っての反対論はなくても、この大事を断行するだけの強い支持もないまま、決定は天皇の宸断に持ち込まれた。宮内省御用掛の佐々木高行、同少輔の土方久元《ひさもと》、侍講元田永孚《ながさね》、同副島種臣らが外債反対を天皇に迫ったのは事実である。

しかし、明治天皇が、宮中側近だけの意見にもとづいて、外債募集というような重大案件をトップ・ダウンで決定できたわけではないであろう。参議レベルにおいても、その下にあった各省長官の間でも、五〇〇〇万円外債募集に意見が一致しないという特殊な状況下にあっては、現状を変えないという消極的な、問題の先送り的な解決案のほうが有利であった。そこに、天皇とその側近が介入する余地があったのである。

それにしても、明治十三年六月三日の天皇の勅諭は、外債募集はしないことを天皇が明言したという点では天皇親政的な側面を持つものであり、経済史だけではなく政治史的にも興味深いものである。三条、岩倉、有栖川宮の三大臣に与えられた勅諭は次のようなものであった。

朕惟《おも》うに、明治初年以来国用多事なるを以て会計の困難を生じ、遂に十三年の今日に至り、正貨は海外に流出し、随て紙幣の信を失うに至る。因《よっ》て大隈参議よりの建策を一覧し、また内閣諸省の意見も同一ならざるを聴く。朕来《もと》より会計の容易ならざるを知ると雖《いえ》ども、外債の最も今日に不可なるを知る。……今日会計の困難目前に迫りし上は、前途の目的を定むる、勤倹の主意すなわちこの時に在り。卿等宜しく朕が意を体し、勤倹を本として経済の方法を定め、内閣諸省と熟議して之を奏せよ。（『明治天皇紀』第五巻、74－75頁）

天皇にここまであからさまに、「外債の……不可」と「勤倹の主意」を命じられては、明治六年（一八七三）以来、大久保利通とその配下が進めてきた殖産興業、「上からの工業化」は続行不可能になる。大久保路線は、明治十一年五月の大久保の死によってではなく、十三年六月の天皇の勅諭によって挫折させられたといっても過言ではない。

しかし黒田清隆や五代友厚は、それでも「富国路線」を諦めなかった。農民が重税にあえいでいるときには、増税による殖産興業という政策はありえない。そもそも「富国路線」の価値は、国を富ますことによって国民生活を豊かにするところにあったからである。国民を重税で苦しめながら、立派な工場だけが建ち並ぶようでは、何で明治維新に身命を賭したのかがわからなくなる。内債や外債で工業化を進めて、その成果で国民生活を豊かにすることが「富国路線」の目的だったのである。しかし、明治十三年の日本のように、減税と米価騰貴で農民が我が世の春を賀している時には、増税による工業化というシナリオも不可能ではなかった。黒田や五代は、この点に最後の可能性を見出した。

先に記したように、三年前の詔勅で地租を軽減したばかりであったから、黒田らも正面からの地租増徴は唱えられなかった。彼らは、地租の四分の一を現物で納入させることに活路を見出した。税率を上げないで実質上の増税を行なおうとしたのである。

すでに記したように、明治十三年の米価は明治十年の二倍になっていたから、地租の四分の一を米で納めてもらって政府の手で売却すれば、四分の一の二倍、すなわち四分の二の税収となる。それに残りの四分の三の紙幣納分を加えれば、地租は現在の四分の五になる。四分の一、すなわち二五パーセントの増税と同じことになる。

正面からの増税を断行して、現行の税率二・五パーセントを三パーセントにもどしたとしても、二〇パーセントの増税にしかならないから、四分の一米納の方が政府には有利である。しかも税率を正面から増加するのではないから、明治十年の天皇の詔勅に違反することもない。

このいわゆる米納論は、八月三十日に参議黒田清隆が天皇に上奏したものであるが、その筆者は、財政経済に詳しい五代友厚であった。黒田は八月二十三日に五代に手紙を送り、三条実美太政大臣から、「米納論の見込方法を書取り、書面にて早々差出」せという天皇の御沙汰があった旨を伝えている。

同時に黒田は五代に、「必ず方法調査は老兄へ依頼せずしては決して相済まず」と執筆を依頼している。さらに黒田は、「一世一振の明法、聖上に供し奉り度く、偏《ひとえ》に国家の為めのみに祈念罷りあり候」とまで、五代に頼んでいる(『五代友厚伝記資料』第一巻、350頁)。

この黒田の依頼に応じて五代が起草したものが、『五代友厚伝記資料』第四巻に収録されている「米納論」である(159-169頁)。その内容は、すでに紹介した、四分の一米納による地租の実質二五パーセント増税論であるが、その中には、他にも注目すべき点が二点ほどある。

その第一は、地租を金納固定税にした地租改正を、「明治政府が財政上の大失策」であったと断じている点である（159頁）。米価下落の時にも同額の税収を得ることだけが念頭にあって、米価高騰の時には税収が半額にもなりうることを忘れていたことを批判したのである。

その第二は、西南戦争前後から三年少しで、「独り農民のみ非常の幸福を得、実に驚くべきの富を進めたり」（同頁）、という指摘である。地租改正と西南戦争前の減税と西南戦争後の米価騰貴とによって富裕化した農民が、幕末・維新期の「武士の革命」を終焉させたのである。

この点に関しては、終章で改めて検討したい。

『明治天皇紀』（第五巻）には、「是の月」すなわち九月とのみ記された、米納不裁可の天皇の内勅が収録されている。すなわち、「前日来閣議紛紜《ふんうん》、各所見を陳ず。その米納の議ある、時を救うの策に出るといえども、これを今日に行う、頗る不穏を覚う」と（180－181頁）。

黒田清隆があれほど力を入れた上奏を退けた天皇の内勅の日付がわからないのである。ただ、井上馨の伝記によれば、三大臣と参議が閣議を開いて米納論の最終審議を行なったのは九月十七日だという（『世外井上公伝』第三巻、173頁）。先の天皇の三大臣に対する内勅は、この直後のものであろう。外債論に続いて米納論も退けた時の天皇の対案は、ふたたび「経費上痛く節減を加」えることであった。

国際収支の悪化と財政危機のいわゆる双子の赤字の下で、大久保以来の「富国路線」を貫こうとした黒田や五代の方策は、二度にわたって天皇もしくはその側近によって拒絶された。明治十年（一八七七）九月の西郷の戦死によって「強兵路線」が挫折したのに続いて、明治十三年（一八八〇）九月の天皇による米納論の不裁可によって、大久保以来の「富国路線」も敗退したのである。

4　立憲派の保守化

前節で記した明治十三年（一八八〇）六月の五〇〇〇万円外債論不裁可までは、「富国」派は民間の国会開設要求など歯牙にもかけなかった。この派の中心人物黒田清隆は、同年二月の太政大臣宛て建議で、新たに農商務省を設立し、国債を募集して殖産興業に専念するという大久保以来の「富国」論をくり返し、国会論などは、「富国」策が成果を挙げた上で考えればいいと主張した。全国の民権論者が、一カ月後に迫った国会期成同盟の大会に馳せ参じようとしていたときの建議である。

一般論としては、殖産興業と立憲制移行とは次元の違った問題で、二者択一になる性格のものではない。特に黒田のように、「その経費のごときは国債を募り、紙幣を製して以てこれに充」てるのならば（『自由党史』上巻、326頁）、国会の存在はそれほど殖産興業策の邪魔にはならないはずである。

しかし実際には、黒田はこの二つの路線に、はっきりした優先順位を付けていた。すなわち、「全国の人民鼓舞抃《べん》躍、競って産業に就くとき」を待って、その後で「国会を開く、未《いま》だ晩《おそ》しと為さざるなり」と（同前書、同頁）。この第一順位が天皇の裁断で不可能になった以上、黒田にとっては第二順位の国会開設は無期延期となるであろう。今度は、健全財政と立憲制移行を一貫して唱えてきた井上馨の出番である。

しかし、明治十三年の井上の立憲制移行論は、明治八年の大阪会議前後の時と比べて、はるかに保守的になっていた。明治八年の時には、井上は欽定憲法制定を第一順位とする木戸孝允と、まず民撰議院を設立せよという板垣退助らの間に立って、むしろ木戸の頑固さに苛立っていた（第五章参照）。しかし、明治十三年の井上は、かつての木戸と同じく、まず時間をかけて政府の手で憲法を制定し、その憲法にもとづいて議会を召集するという、完全な欽定憲法主義になっている。明治十三年七月の建議書で、井上は次のように論じている。

世の識者あるいは言う、先ず国会を起し、これに拠《よっ》て以て憲法を制し、民法を議すべしと。

僕大いにその説の迂《う》なるを見る。けだし民法は人生須臾《しゅゆ》〔少しの間〕も欠くべからずして、その性微妙なるものなれば、衆囂《ごう》々たる烏合の議会に付して討論せしむるも、決して完全の美果を結び得べきものにあらず。……殊《こと》にいわんや、王室、政府、人民の権限を区画するがごとき、国家最大最重の憲法をその議に附するにおいてをや。故に民法と云い憲法と云うも、到底命令に出づるにあらざれば、その選の完美、得て期すべからざるなり。

（『自由党史』上巻、334頁）

突然「民法」の話が出てくるのは、その当時、欧米諸国との不平等条約の改正交渉の中で、近代的な民法、商法の制定が求められていたからであろう。しかし、これまでの本書の行論の中で、条約改正にも民法にも触れてはこなかったので、ここでは話を憲法だけに絞ろう。

この井上の主張の中で重要なのは、次の二点である。第一に、憲法というものは、「王室、政府、人民の権限を区画する」ために必要であると、明確に主張している点である。このことは明治六年から八年にかけての木戸孝允の立憲制論でも主張されていたが（第五章参照）、ここではそれがさらに明確な形で論じられている。

第二は、「民法と云い憲法と云うも、到底命令に出づるにあらざれば、……完美、得て期すべからざるなり」の箇所である。「王室、政府、人民の権限」を「政府」が「命令」するわけにはいかないから、この「命令」を出すのは「天皇」しかいない。すなわち天皇の名で憲法を公布して、天皇と政府と議会の権限を明確にする（「欽定憲法」）方式を、井上は提唱しているのである。

ここまではっきり言われると、明治七年末に民権派の小室信夫や古沢滋と大阪行きの船に乗り合わせ、熱っぽく立憲政治の導入を相談した井上馨の印象が、急速にぼやけてくる。

しかも、明治七年末と違って、十三年三月には、農民の政治結社も含めた全国七十二の結社代表が連署して、国会開設を天皇に請願していた。それを眼前にしながら井上は、憲法はゆっくり時間をかけて起草し、天皇の名で国民に与えることを主張している。国民がその代表者を議会に送るのは、この憲法によって議会の権限が決まってからのことだ、というのである。明治七、八年に比べて、明治十三年の井上馨は、明らかに保守化していたのである。

井上の保守化がもっともはっきりとあらわれているのは、この憲法（民法も）の起草と併行して「上院」だけは設立する、という点にある。井上は次のように提案している。

第一、元老院を廃し、別に他日（将来）民撰議院に対抗するに足る上議院を設立すべし。

第二、その議員は華士両族（旧公卿、旧大名、旧武士）中より選抜して、二百員を限る。その全員の幾許《いくばく》は公選に附し、若干は勅選（天皇の指名）に出づべし。ただし平民といえども学術の衆に秀づる者、あるいは国家に大勲労ある者は、勅選を以て命ずることあるべし。
（同前書、334頁）

明治十三年（一八八〇）のこの井上建議を、本書の第一章で検討した、元治元年（一八六四）の勝海舟・西郷隆盛・吉井友実の会談と比較してほしい。西郷は勝から全国の藩主を集めた「共和政治」、すなわち藩主議会の構想を聞かされ、それに同意していた。吉井のほうは同じ勝から、「天下の人材を挙げて公議会を設け、諸生といえどもその会に出願すべきの者はサッサッと出し、公論を以て国是を定むべし」という議論を聞いていた。

すでに第一章で記したように、勝から西郷が聞いた「藩主議会」を「上院」に、吉井が聞いたほうを「下院」と、明確に定義したのが一八六七年の「薩土盟約」であった。その十三年後の井上馨の建議と比べるために、関連箇所をくり返しておこう。

一、議事院上下を分ち、議事官は上公卿より下倍〔陪〕臣庶民に至るまで、正義純粋の者を選挙し、なおかつ諸侯も自らその職掌によりて上院の任に充つ。（一八六七年旧暦六月）

この「薩土盟約」では、「公卿」と「諸侯」で「上院」を構成し、「倍〔陪〕臣庶民」で「下院」をつくることになっていた。井上の場合は、この「陪臣」と「庶民」の一部も併せて「上院」にして、それとは別に「下院」を将来設立することになっている。進歩といえば進歩であろうが、十三年間の進歩としては、あまりにも微々たる進歩である。しかも、その唯一の進歩たる「下院」の設立は、政府と上院で慎重に審議した憲法が制定された後で、初めて開設されるのである。

たしかに廃藩置県で大名は領主権を奪われて「華族」となり、徴兵令と秩禄処分（明治九年）によって武士は単なる金禄公債の保持者にすぎない「士族」となっていた。しかし、いざ議会をつくるとなると、明治政府内部で立憲政治の導入にもっとも熱心だった井上馨でさえも、「平民」の「下院」は後回しにして、華族と士族だけの、あるいは旧大名と旧武士だけの「上院」をつくることしか念頭になかったのである。

慶応三年（一八六七）の「薩土盟約」の時ならともかく、あるいは明治八年（一八七五）の大阪会議の時ならともかく、明治十三年（一八八〇）の日本では、華族と士族だけの上院を設立して、さあ立憲制ができましたというわけにはいかなかった。「富国派」が一八八〇年の二度にわたる天皇の節倹の勅諭で止めを刺されたとき、「立憲派」のほうも、自己の主張を変革のシンボルとして掲げることはできなくなっていたのである。

エピローグ

元治元年（一八六四）から明治十三年（一八八〇）にいたる十六年間の幕末・明治史を分析してきた筆者の第一印象は、良きにつけ悪しきにつけ、明治維新は「武士の革命」だったというものである。

政策目標としては、「強兵」、「富国」、「立憲制」、「議会制」の四つがあり、薩摩、長州、土佐などの指導者は、各々信ずるところを異にした。

西郷隆盛のグループは、日本を東アジアの最大強国にすることをめざした。大久保利通の下に集まった者たちは、政府の手で日本に近代的工業を起こし、鉄道や港や道路などのインフラストラクチャーを整備しようとした。長州の木戸孝允を中心とするグループは、一方で堅固な中央財政を確立し、その中央集権政府の恣意的な権力行使を抑制するために、憲法の制定を最重視した。板垣退助が率いる土佐の政治家たちは、中央集権政府の抑制を憲法にではなく議会に求めた。

この四つのグループに共通するのは、そのどれも、自己の路線を実現していくために、租税負担者である農民の力を借りようとはしなかったという点である。

「強兵路線」の核心は、東アジアの強大国中国と一戦して雌雄を決することにあった。注意しなければならないことは、五十数年後の一九三〇年代と異なり、この時の日中戦争構想は、全力を挙げて戦争して優劣を決めて講和を結ぶというもので、中国領土を支配することまでは考えていなかったし、そんな力はなかった点である。

それはともかく、彼らはこの戦争を、戊辰戦争を戦った武士・士族軍団だけで戦おうとした。この派の有力者桐野利秋は、「もっとも徴兵主義に不満」だったのである（『谷干城遺稿』上巻、238頁）。

一見したところではもっとも農民に近いはずの板垣退助らの「民撰議院論」も、その構成員として農民を想定してはいなかった（第五章参照）。「士族民権」と呼ばれる板垣らは、国会を開いて農民の租税を軽減するという〝卑近〟な目的のために自由党を結成（明治十四年・一八八一年）したわけではなかった。

この点に関して、明治十七年の自由党大会を前にした、千葉県代表と総裁板垣退助との興味深い史料が残っている。明治十七年に政府が、漸次に地租を軽減するという従来の公約を廃棄して地租を固定化したとき（十七年三月十五日）、たまたま自由党の大会が東京で開かれていたのである（三月十三日）。板垣の「士族民権」の性格をよく示した史料なので、その箇所だけを引用しておこう。

この度の地租条例改正につき、君塚省三（千葉県人）なる者板垣に向って曰く、政府は実に無法なり。ますます信認する能わず。吾輩は今朝すでに減租請願書を携えて太政官……へ出づる積りにてありしが、彼の条例の改正になりしことを聞き驚きたり。しかし、たとえ如何ように改正するも決してこのままにては止まず、あくまでやる考えなるが、如何して宜しきかと。

これに対する板垣の答えが重要である。

板垣曰く、元来減租のことはその地方有志の特に尽力するところにて、あえて自由党が為すと云うにあらず。故にこの席（自由党大会）において論談するは不可ならんと。

（『自由民権機密探偵史料集』、324頁）

明治二十三年（一八九〇）に開設された議会における、地租軽減をめぐる政府と自由党の攻防を知る者にとっては、そのわずか六年前の明治十七年に、自由党の総裁が地租軽減などは同党大会の議題に相応しくないと言い切っている姿は、とうてい信じられないであろう。

しかし、今回の筆者のように「幕末議会論」の流れを追ってきた者には、板垣の立場はよくわかる。「藩主議会」（上院）と「藩士議会」（下院）の必要性を幕末の政治家が唱えたとき、それは幕府や各藩藩主の専制を抑え、衆知を集めるための制度であり、日本を欧米と対等な国にするための制度だった。幕末議会論とは、日本の近代化に武士階級の総意を動員するためのものであって、農民のために減税を実行するというような〝低次元〟の問題のために唱えられたものではなかったのである。

この点では、木戸派の「憲法制定論」も同様であった。前章の井上馨の建議書を想起すればすぐわかるように、天皇、政府、議会の整然とした国家秩序を樹立することが彼らの目的であり、それに関して衆議を集める必要がある場合にも、「衆議」とは旧大名（華族）と旧武士（士族）を集めた「上院」に限っての話であった。農民などが「下院」に代表を送るのは、この制度が完備して、「下院」の権限が厳格に制限された後のことであった。明治二十二年（一八八九）二月に発足する明治憲法体制は、この派の考えに近いものであった。

工業化による国民生活の向上を唱えた「富国」派は、その政策推進のやり方からいえば、もっとも徹底した武士・士族の専制であった。その中心的指導者のひとり五代友厚が、「我が国のごとき野蛮は専政を以て押付け、どこまでも開歩に引導候ほかこれなし」と主張したことは、すでに記した(第六章参照)。彼らはやむをえない場合には、殖産興業の財源のために農民に増税を課すことも、躊躇しなかった(第八章参照)。

これを要するに、「強兵」といい「富国」といっても、また「立憲制」といい「議会制」といっても、すべて武士＝士族の代表者が推進したものであった。西郷隆盛や板垣退助は、「不平士族」とか「士族民権」とかいうふうに呼ばれることがあるが、そういう言い方をすれば大久保利通は「富国士族」であり、木戸孝允は「士族立憲」だったのである。

筆者は、明治維新が「武士の革命」だったから限界があった、などということを言っているのではない。彼らは欧米の「富強」の理由をたちどころに理解し、立憲制度の必要性まで、幕末の段階で理解していた。彼らは実際に幕府を倒し、藩制度を廃止し、武士の特権をなくし、国民皆兵・国民皆教育の制度をつくり、近代工業を移植し、立憲制の基礎まで作った。「武士の革命」は立派な近代化革命だったのである。

彼らは、幕末に志を同じくした同志であった。一八六八年に幕府を倒し、一八七一年に藩制度を廃止したのは、彼らのこの志によるものであった。ここまでは、彼らの目的は一致しており、その相互信頼は揺るがなかった。

もし、西郷、大久保、木戸、板垣らが「武士の革命」の「同志」でなかったならば、彼らは次の一歩について相互にもっと慎重だったに違いない。はっきり敵とわかっていた徳川慶喜が相手だったならば、明治六年（一八七三）十月のいわゆる「征韓論争」に敗れたからといって、西郷は兵を率いて鹿児島に引揚げたりはしなかったろう。翌七年の台湾出兵の時のように、東アジア政策について、西郷と大久保とは譲歩できないほど対立してはいなかったからである。敵との間では忍耐強く、かつ合理的に振る舞う者も、同志の間では往々にして憤怒に委せた行動を取りがちなのである。

明治七年（一八七四）一月の「民撰議院設立建白」についても同様である。もし板垣らが本気で納税者参政権を考えていたならば、それは一八六七年の薩摩藩と土佐藩の「盟約」と根本的に違うものであった。当時、納税者は農民のみで、「薩土盟約」は武士だけの二院制論だったからである。

すでに記したように、板垣らが本当に考えていた「民撰議院」は「士族議会」にすぎなかった。本音のところでは幕末議会論と同じものを、ちょっと博学のところを見せて「民撰議院」と呼んでみただけだったのである。ここにも維新革命の同志たちに対する甘えのようなものが感じられる。

明治七年一月の「民撰議院設立建白」を、慶応三年六月の「薩土盟約」とつなげて考えるというと、唐突に響くかも知れない。しかし西暦で表記すれば、前者は一八七四年、後者は一八六七年で、その間わずか七年弱しか経っていない。小泉純一郎内閣の存続期間をやや上回る程度の時間しか経っていなかったのである。

明治六年十月の西郷も、翌七年一月の板垣も、それを境いに自派が権力の座から急速に追い落とされていくとは思っていなかったに違いない。しかし、その後の歴史は、過酷なほどにこの両人を、右と左の在野勢力に追いつめていった。

しかし、不運だったのは西郷と板垣だけではなかった。憲法制定を最優先とする木戸孝允は、議会開設の日程表などは持ち合わせていなかった。それに対し板垣派は、農民参加の議会は遠い将来の問題でいいとしても、士族議会のほうは、明日にでも開きたいと考えていた。

しかも彼らは、この士族議会を「上院」としてではなく、「下院」(「民撰議院」)と位置づけていた。木戸派と板垣派の立憲制構想には、相当な距離があったのである。それなのに木戸派は板垣派と安易に提携し、木戸と板垣は政府に復帰し、明治八年四月には漸次に立憲政体に移行するという天皇の詔勅まで出してしまったのである。

それでも、いったん提携した以上、その維持に全力を尽くすべきなのに、維新革命の同志として板垣は西郷に近く(というより再三の借りがあった)、木戸は大久保を信用していた。板垣が西郷と切れ、木戸が大久保から離れて新体制をつくったはずの「大阪会議」体制は、わずか半年しか保てなかったのである。

「大阪会議」体制の崩壊は、板垣派に在野勢力の刻印を押すことになっただけでは済まなかった。木戸派の憲法制定論も、明治十一年の大久保の死、同年七月の井上馨のロンドンからの帰国まで、明治政府内でほとんど忘れ去られていたのである。本書第八章で引用した明治十一年七月の大久保派の五代友厚による次の一文は、このことを示すものとして重要である。

民権云々の論、真にこれを主張する仁あらず、立権〔憲〕政体云々の御布告に適するまでの趣意なり云々。

ここにいう「立憲政体云々の御布告」とは、第五章で検討した明治八年四月十四日の詔勅のことであり、それこそが大阪会議における木戸・板垣連合の最大の成果であった。しかるに明治十一年七月の明治政府にとっては、それは明らかに有難迷惑な詔勅になっていたのである。

以上の三勢力が野党化もしくは体制内野党化した明治九年（一八七六）以降は、よく大久保独裁体制と呼ばれる。しかしそれは、大久保派の政府が孤立していたから「独裁」に見えたにすぎない。明治維新を共に実現した他の三派が野党化した明治九年（一八七六）以降の大久保派には、「殖産興業」の成果を挙げる以外に存続の道はなかった。

すでに明治八年（一八七五）の江華島事件を前にして、大久保の信頼の厚かった松方正義が、台湾出兵のようなことがもう一度くり返されたら国庫には金貨も銀貨もなくなり、紙幣だけになると警告していた。そのようなときに、戦争にはならなかったが、軍艦五隻を伴った砲艦外交が韓国に対して断行された。大久保が今日から殖産興業に邁進すると宣言した明治九年（一八七六）四月には、日本の紙幣には金貨銀貨の裏付けがすでに弱くなっていた。外債を募集して近代工業を日本に移植するには、国際収支がすでに悪すぎたのである。

すでに第八章で分析したように、明治十年（一八七七）前後には、事態をさらに悪くする事件が、相次いで起こった。明治九年末の地租改正反対一揆がそれであり、明治十年に半年間も続いた西南戦争がそれであった。前者によって地租収入は毎年七〇〇万円弱減少し、後者によって一時に四、五千万円の戦費が費消されたのである。明治十一年（一八七八）五月の一〇〇〇万円（実額）の起業公債では、日照りの荒野に漏斗で水をやるようなものだったのである。

明治十三年（一八八〇）六月に五〇〇〇万円外債募集案が天皇によって退けられたとき、政治路線としての「富国」派の命運は尽きた。この路線の二人の中心人物、黒田清隆と大隈重信は、九月の米納問題で非和解的な対立に陥ったのである。

一八六四年の勝海舟・西郷隆盛会談に始まり、一八七一年の廃藩置県の断行まで続いた「革命派武士」の団結は、一八七三年の征韓論分裂後、四つの政治路線に分かれた。そして知らず識らずの間に対立を深め、「議会派」→「立憲派」→「強兵派」→「富国派」の順で政治勢力を失っていった。「武士の革命」としての明治維新は、一八八〇年九月の米納論の不裁可をもって終焉したのである。

もちろんその後も、明治国家は存続し、明治政府も薩長二大勢力が運営し、在野勢力と化した「議会派」は自由党という一大野党として、むしろ勢力を拡大していった。しかし薩長藩閥政府と呼ばれた明治政府は、「革命派武士」によってではなく、合理主義的な「文武の官僚」によって運営されるようになった。

「革命派武士」と「文武の官僚」とは、同じ人物、同じ階級（士族）によって構成されていたが、両者の間には明らかな相違があった。勝算の定かでない日中戦争を明日にでも断行しようとする者はいなくなった。十年間じっくり陸海軍拡を行なってから、第一次日中戦争（日清戦争、一八九四−九五年）は断行された。財力のすべてを傾けて殖産興業を断行しようという者もいなくなった。まず国際収支と国家財政の再建が最優先され、一八八一年から八七年までの六年間をかけて、財政経済の構造改革が実行された。

明日にでも憲法を制定し、議会を開設しようという者は、政府内部にはいなくなった。一八八一年十月の天皇の詔勅は、九年後に議会を開設し、それ以前に憲法を制定するという悠長なものであった。今日の政治で、九年後に新憲法を制定すると公約しても、それは政党の公約にも政治運動のスローガンにもならないであろう。

時代は変革者の時代から実務家のそれへと、大きく移り変わったのである。「議会制」論者の性格も、一八八〇年三月の第一回国会期成同盟大会を境いに、大きく変わってきた。運動の指導権が「革命派武士」から、農村地主に次第に移っていったのである。

「士族民権」から「農民民権」への移行は、民主化という点では明らかに大きな進歩であった。しかし、革命性の減少という点では、先に記した明治政府内での実務家優位の体制と同じような意味合いを持っていた。運動の動機は、抽象的な国家改造から現実的な減税の実現へと、はっきりと変わっていったのである。一八九〇年の議会開設から九四年の第一次日中戦争（日清戦争）までの四年間、藩閥政府と議会は、地租軽減の是非をめぐって激しく対立したが、減税ができようとできまいと、それは国家の基本的性格に影響するものではなかった。

四つの「武士の革命」の目標であった「富国」、「強兵」、「立憲制」、「議会制」は、各々の「革命」指導者の挫折の後に、実務官僚と実益政党の手でじっくり時間をかけて実現していった。本書の主人公たちにとっては明治維新は「未完の革命」であったが、主人公を抜きにして成果だけを見れば、西郷、大久保、木戸、板垣の夢は、一八九四年の第一次日中戦争の前にはすべて実現していた。

日清戦争の勃発の前年（一八九三年）末の第五議会で行なわれた陸奥宗光外相の演説を聴いたならば、西郷も大久保も木戸も（板垣は現役として陸奥の立場を支援していた）、自分たちの主張がすべて実現したことを知ったであろう。陸奥は次のように述べている。

諸君、試みに明治初年に現在したるところの日本帝国を以て、今日に現在するところの日本帝国と比較してご覧なさい。……先ず経済の点より言いますれば、明治初年において内外交易の高と云うものは、その金高三千万円に足らなかったのが、明治二十五年にはほとんど一億六千有余万円になり、また陸には三千哩《マイル》に近い鉄道が敷き列ねられ、一万哩に近き電線を架け列《なら》べたり、また海には数百艘の西洋形の商船が内外の海面に浮んで居る。

（『帝国議会衆議院議事速記録』第七巻、第五議会、252頁）

ここで大久保利通は、思いっきり手をたたいたであろう。大久保が心血を注いだ「富国」政策は、見事に花を咲かせたのである。次に陸奥は、「強兵」政策の達成度について述べている。

軍備の点より言えば、将士訓練、機械精鋭にして、ほとんど欧州強国の軍隊にも譲らぬ常備兵が十五万も出来て居る。海軍もほとんど四十艘に近い軍艦が出来、将来なお国計の許す限りはこれを増進せんと思います。（同前書、同頁）

この部分では西郷が、幕末に佐久間象山から間接的に、勝海舟から直接的に学んだ、「対等開国」のための「強兵」論を想い出し、感慨に耽ったであろう。最後は木戸孝允が涙する番である。陸奥は次のように述べている。

もしこれに加うるに、人文の自由を拡張し、制度文物を改良し、学術工芸の進歩したるものを以てすれば、実に枚挙に遑《いとま》あらぬと思います。特にその一大特例として云うべきものは、立憲の政体ここに立ち、すなわち今日、本大臣が諸君と国家須要《しゅよう》の政務を論ずるに至るまでに進歩したるは、亜細亜州中何れの国にありますか。（同前書、同頁）

しかし、本当に大久保が拍手し、西郷が感慨に耽り、木戸が泣したであろうか。明治七年に西郷が日中戦争を覚悟し、翌八年に木戸が憲法制定を天皇の詔勅にまでもっていき、明治九年に大久保が殖産興業以外に日本を救う途はないと決断したときの熱情と、ここで陸奥宗光が見得を切っている時の軽やかさとの間には、明らかに温度差がある。

たとえば、一九四五年八月に日本が米英に敗北して、陸海空三軍をすべてなくしたときに「平和と民主主義」を唱えることと、それを一九三一年の満州事変、一九三七年の日中戦争、一九四一年の太平洋戦争のときに唱えることとは、同じことなのであろうか。

徳川幕藩体制を倒すために、幕末・維新期の思想家と政治家が必死にめざした「富国」、「強兵」、「武士議会」の重さと、明治二十六年末の議会で陸奥宗光が、それらはすべて実現しましたと言い切っている軽さとが、同じものであったとは筆者には信じられない。「富国強兵」と言い、「公議輿論」と言い、「平和と民主主義」と言い、スローガンの持つ意味とその重さとは時代毎に違うのである。その意味で、西郷と木戸と大久保と板垣の「明治維新」は、彼らにとっては永遠に「未完」のものだったのである。

あとがき

本書は筆者の三冊目の「新書」である。刊行順に並べれば、昭和史、明治史、幕末維新史と、時代をさかのぼってきたことになる。

「デモクラシー」と銘打ったのは二冊目の『明治デモクラシー』(岩波新書)だけであるが、三冊の共通テーマは近代日本の「デモクラシー」だと言えよう。

目の前の政党政治やデモクラシーを見れば、なぜデモクラシー史にそれほどこだわるのか、時々自分でもわからなくなる。

しかし、目の前のデモクラシーの体たらくは、逆に幕末、明治、大正、昭和初期のデモクラシーを輝かせてくれるという効用もある。先輩の世代が戦前日本を暗黒の時代に描くことによって戦後民主主義を輝かせてきたのとは正反対の路を、筆者は歩んでいるのである。

本書で描いたのは、幕末維新期の「武士デモクラシー」である。この「武士デモクラシー」は、前著『明治デモクラシー』では「豪農デモクラシー」に取って替わられる。

表題から言うとデモクラシーから一番遠そうなのは、最初の「新書」、『昭和史の決定的瞬間』（ちくま新書）であるが、その主題は「軍ファシズム」ではなく、むしろ「昭和デモクラシー」であった。日本社会党の前身である社会大衆党の社会民主主義や、その左派の「人民戦線論」には、かなりの頁を割いている。

幕末から昭和初期までの七十余年間には、結構すぐれた民主主義思想と民主主義的実践があったという事実は、この三冊の新書を書き終えた今、かなりの確信をもって言うことができる。先輩の世代の日本近代史像とは全く違う歴史像を持つにいたったのである。

問題は、そこから先にある。戦後歴史学の暗黒の日本近代史像も間違っていれば、それを単に裏返しにしたにすぎない、体制派知識人の美しき天皇制日本像も事実に反する。そこまではほぼ確信できた。

しかしそれでも、デモクラシーの戦前日本で何ゆえに治安維持法が成立し、満州事変が起ったのかという戦後史学からの批判が聞こえてくる。他方で、明治維新以来の自由主義と民主主義の「伝統」の下で、自己中心的で経済的利益しか考えない現代の日本人がどうして生れたのかという問いが、「伝統」尊重派から発せられるであろう。三冊も新書を書いてデモクラシーの伝統を強調したからと言って、今の日本への具体的なメッセージはどこにもないではないか、という左右からの批判が想像できるのである。

厄介なのは、この二つの批判は外部から聞えてくるだけではなく、筆者自身の内部からも響いてくるという点である。

今の筆者には、明確な形でこの二つの想定される批判に答えることはできない。筆者にできることは、幕末維新期にも明治年間にも昭和初期にも、自由主義や民主主義は単なる思想ではなく、政治的実践の課題だったという〝事実〟を繰り返すことだけである。

これを言い直せば、今の筆者にできることは、歴史作品を書くことだけであり、それらの作品から何を学ぶかは読者に委ねるしかない、ということになる。そしてやや無責任ながら、作品ができ上がれば、筆者自身も一読者になって、日本近代史からのメッセージを考えてもいいような気がする。

三年前の『昭和史の決定的瞬間』のときと同様に、本書のタイトルも筑摩書房の湯原法史氏が付けてくれたものである。筆者が構想を語り、編集者がそれに合ったタイトルを考えつき、決まったタイトルに影響されながら当初の構想に肉付けしていった結果が、本書なのである。筆者と編集者とは、間違いなく〝共犯〟関係にある。すぐれた〝共犯者〟を得たことに深く感謝している。

二〇〇七年二月、古稀を前にして

引用文献一覧（初出順）

(1)勝田孫弥『大久保利通伝』上・中・下巻（一九一〇・一一年、同文館）
(2)佐々木克『幕末政治と薩摩藩』（二〇〇四年、吉川弘文館）
(3)立教大学日本史研究会編『大久保利通関係文書』第三巻（一九六八年、吉川弘文館）
(4)同前書、第五巻（一九七一年）
(5)『日本近代思想大系9　憲法構想』（一九八九年、岩波書店）
(6)明治文化研究会編『明治文化全集・政治篇』、同『雑誌篇』（一九二八年、一九六七年、日本評論社）
(7)佐久間象山『省諐録』（一九四四年、岩波文庫）
(8)『日本思想大系55』（一九七一年、岩波書店）。なお本書における佐久間象山と横井小楠の主張の紹介は、同書にもとづくものである。
(9)大山梓編『山県有朋意見書』（一九六六年、原書房）
(10)宮内庁編『明治天皇紀』第一・第三・第五巻（一九六八・六九・七一年、吉川弘文館）
(11)大久保利謙他編『津田真道全集』上巻（二〇〇一年、みすず書房）
(12)春畝公追頌会『伊藤博文伝』上・中巻（一九四〇年、統正社）
(13)島内登志衛編『谷干城遺稿』上巻（一九一二年、靖献社）
(14)『日本思想大系56』（一九七六年、岩波書店）
(15)東京大学史料編纂所編『保古飛呂比　佐々木高行日記』第四・第五・第六・第八巻（一九七三・七四・七

五・七六年、東京大学出版会）
(16)日本史籍協会編『戊辰日記』（一九七三年、東京大学出版会）
(17)井上馨侯伝記編纂会『世外井上公伝』第一・第二・第三巻（一九三三・三四年、内外書籍）
(18)財団法人日本経営史研究所編『五代友厚伝記資料』第一・第四巻（一九七一・七四年、東洋経済新報社）
(19)大島明子「御親兵の解隊と征韓論政変」（犬塚孝明編『明治国家の政策と思想』二〇〇五年、吉川弘文館）
(20)松下芳男『徴兵令制定史』（一九四三年、内外書房）
(21)板垣退助監修『自由党史』上巻（岩波文庫、一九五七年）
(22)土屋喬雄・小野道雄編『明治初年農民騒擾録』（一九三一年、南北書院）
(23)色川大吉監修牧原憲夫編『明治建白書集成』第三巻（一九八六年、筑摩書房）
(24)大久保利謙他編『日本歴史大系』第四巻（一九八七年、山川出版社）
(25)毛利敏彦『明治六年政変の研究』（一九七八年、有斐閣）
(26)毛利敏彦『明治六年政変』（一九七九年、中公新書）
(27)黒龍会編『西南記伝』上巻の一（一九〇八年、黒龍会本部）
(28)稲田正次『明治憲法成立史』上巻（一九六〇年、有斐閣）
(29)日本史籍協会編『木戸孝允日記』第二巻（一九六七年、東京大学出版会）
(30)外務省編『日本外交文書』第八巻（一九五六年、日本外交文書頒布会）
(31)田原総一朗『日本の戦争』（二〇〇〇年、小学館）
(32)伊藤博文関係文書研究会編『伊藤博文関係文書』第一・第三巻（一九七三年・一九七五年、塙書房）
(33)日本史籍協会編『大久保利通文書』第七巻（一九六九年、東京大学出版会）

(34)佐藤誠三郎『「死の跳躍」を超えて——西洋の衝撃と日本』(一九九二年、都市出版)
(35)明治財政史編纂会編『明治財政史』第三巻(一九七一年、吉川弘文館)
(36)市来四郎「丁丑擾乱記」(鹿児島県維新史料編纂所編『鹿児島県史料・西南戦争』第一巻、一九七七年、鹿児島県)
(37)御厨貴『明治国家形成と地方経営』(一九八〇年、東京大学出版会)
(38)高村直助編『明治前期の日本経済』(二〇〇四年、日本経済評論社)
(39)早稲田大学社会科学研究所編『大隈文書』第三巻(一九五八年、早稲田大学社会科学研究所)
(40)慶應義塾編『福沢諭吉全集』第四巻(一九五九年、岩波書店)
(41)福沢諭吉『福翁自伝』(一九五九年、岩波文庫)
(42)井出孫六他編『自由民権機密探偵史料集』(一九八一年、三一書房)
(43)『帝国議会衆議院議事速記録』第七巻、第五議会(一九七九年、東京大学出版会)

ちくま新書
650

未《み》完《かん》の明治《めいじ》維新《いしん》

二〇〇七年三月一〇日 第一刷発行
二〇一八年一〇月三〇日 第二刷発行

著者 坂野潤治（ばんの・じゅんじ）

発行者 喜入冬子
発行所 株式会社 筑摩書房
東京都台東区蔵前二-五-三 郵便番号一一一-八七五五
電話番号〇三-五六八七-二六〇一（代表）
装幀者 間村俊一
印刷・製本 三松堂印刷 株式会社

ISBN978-4-480-06353-3 C0221

166 戦後の思想空間 大澤真幸
いま戦後思想を問うことの意味はどこにあるのか。戦前の「近代の超克」論に論及し、現代が自由な社会であることの条件を考える気鋭の社会学者による白熱の講義。

376 「美の文明」をつくる ――「力の文明」を超えて 川勝平太
日本は今、暴力と破壊に行きつく「力の文明」に替わる新たな未来戦略を求められている。国土構想を問い直し、地球環境を視野に入れた「美の文明」の条件を提示する。

473 ナショナリズム ――名著でたどる日本思想入門 浅羽通明
小泉首相の靖国参拝や自衛隊のイラク派遣、北朝鮮の拉致問題などの問題が浮上している。十冊の名著を通して、日本ナショナリズムの系譜と今後の可能性を考える。

474 アナーキズム ――名著でたどる日本思想入門 浅羽通明
大杉栄、竹中労から松本零士、笠井潔まで十の名著をたどりながら、日本のアナーキズムの潮流を俯瞰する。常に若者を魅了したこの思想の現在的意味を考える。

484 丸山真男 ――ある時代の肖像 水谷三公
「進歩」が輝いた時代の丸山真男。その足跡を、「思想家と思想史家」「リベラルと反共」「天皇と美学」などを軸によみ直す。「歴史は尊敬の土台を掘り崩す」か。

532 靖国問題 高橋哲哉
戦後六十年を経て、なお問題でありつづける「靖国」を、具体的な歴史の場から見直し、それが「国家」の装置としていかなる役割を担ってきたのかを明らかにする。

640 頭を冷やすための靖国論 三土修平
感情的な主張が激しく錯綜する靖国問題。議論のもつれの真因は靖国神社の戦後改革がはらむ矛盾にあった。歴史の水脈に分け入り問題全体の構図を冷静にとらえる。

ちくま新書

552 戦争の記憶をさかのぼる　坪井秀人

湾岸戦争、イラク戦争と続く現代の戦争をも視野に収めながら、アジア太平洋戦争後60年の間に、私達がそれをどのように記憶し、あるいは忘却してきたのかを検証する。

553 二〇世紀の自画像　加藤周一

歴史は復讐するか？　優れた文明批評家として時代を観察してきた著者が、体験に重ね合わせながら二〇世紀をふり返り、新たな混沌が予感される現代を診断する。

270 百姓の江戸時代　田中圭一

江戸時代は本当にきびしい身分社会だったのだろうか。村の史料から、当時の庶民である百姓が知恵と元気でつくった経済社会の姿を描き、日本近世史をよみなおす。

328 村からみた日本史　田中圭一

江戸時代、村々には読み書きのできる人が驚くほどいた。残された史料から浮かび上がる教科書とは違う江戸時代像。「歴史の見方」を大きく変えるエピソードを満載。

337 転落の歴史に何を見るか ――奉天会戦からノモンハン事件へ　齋藤健

奉天会戦からノモンハン事件に至る34年間は、日本が改革に苦しんだ時代だった。しかしそれは敗戦という未曾有の結末を迎えることになる。改革はなぜ失敗したのか。

357 ＢＣ級戦犯　田中宏巳

ＢＣ級裁判は六年近く続き、死刑九二〇人有期刑三四〇〇人という苛酷な判決を生んだ。四つの戦域の複合体としての太平洋戦争を検証し〝勝者の裁き〟の真実に迫る。

374 謎とき「日本」誕生　高森明勅

考古学の新発見は古代史をどう変えたのか。「日本」という国号や「天皇」号の誕生とその背景、「倭国」の実態や「大化改新」の舞台裏など古代史の迷宮にいどむ。

ちくま新書

548 歴史を動かした名言 武光誠

歴史を決定づけた武将の言葉、政治的リーダーの警句——。すぐれた人物が発した言葉は、今も燦然ときらめきを放つ。人生と歴史の機微を知り抜いた著者が綴る名言集。

560 男の嫉妬——武士道の論理と心理 山本博文

義に厚く潔いはずの武士の社会も、実態は陰湿な嫉妬うずまく修羅場であった!? 一級史料から男たちの等身大の生き様を浮き彫りにし、その心性の歴史背景を考える。

591 神国日本 佐藤弘夫

「神国思想」は、本当に「日本の優越」を説いたのだろうか? 天皇や仏教とのかかわりなどを通して、古代から近代に至る神国言説を読み解く。一千年の精神史。

595 歴史探索の手法——岩船地蔵を追って 福田アジオ

一体の地蔵の発見から探索の旅が始まった。調べていくと、江戸中期の享保四年に村から村へ地蔵が送られた驚愕の事実が明らかに。大人のための実践的歴史入門。

601 法隆寺の謎を解く 武澤秀一

世界最古の木造建築物として有名な法隆寺は、創建・再建の動機を始め多くの謎に包まれている。その構造から古代史を読みとく、空間の出来事による「日本」発見。

614 アジア主義を問いなおす 井上寿一

日米戦争はなぜ起きてしまったのか? 日本の岐路で現れる「アジア主義」と「〈親米〉外交」の相克を論じながら、一九三〇年代の現在性とアジアの運命を鋭く分析する。

618 百姓から見た戦国大名 黒田基樹

生存のために武器を持つ百姓。領内の安定に配慮する大名。乱世に生きた武将と庶民のパワーバランスとは——。戦国時代の権力構造と社会システムをとらえなおす。

ちくま新書

422 十字軍の思想 山内進
十字軍は過去の出来事ではない。アメリカの突出した行動を支える思想として、再び新世界に甦った。西洋史の深部を流れるその根強さの秘密と歴史的展開に迫る。

107 空海入門 ——弘仁のモダニスト 竹内信夫
空海は日本仏教の基礎を築いただけでなく、事業家としても大きな足跡を残した。古代日本の激動期を文化の設計者として生きた空海の実像を描くユニークな入門書。

630 一神教の闇 ——アニミズムの復権 安田喜憲
環境破壊を生み出す畑作牧畜文明に対して、稲作漁撈文明は調和型文化を築いた。循環型システムを構築し、自然と平和を再生するハイテク・アニミズム国家の可能性。

311 国家学のすすめ 坂本多加雄
国家は本当に時代遅れになったのか。日常の生活感覚から国家の意義を問い直し、ユーラシア東辺部という歴史的・地理的環境に即した「この国のかたち」を展望する。

450 政治学を問いなおす 加藤節
清算されない過去と国益が錯綜して、複雑化しつつある内外の状況に、政治学は何を答えられるか。国家や自由、暴力、憲法など政治学の最前線を歩きながら考える。

465 憲法と平和を問いなおす 長谷部恭男
情緒論に陥りがちな改憲論議と冷静に向きあうには、そもそも何のための憲法かを問う視点が欠かせない。この国のかたちを決する大問題を考え抜く手がかりを示す。

621 中国・アジア・日本 ——大国化する「巨龍」は脅威か 天児慧
大国化する中国とどうつき合うかという問題は、日本にとって中長期的な課題である。中国のゆくえを冷静に見極め、岐路に立つアジア外交について大胆に提言する。